教師に
なること、
教師で
あり続けること

困　難　の　中　の　希　望

グループ・ディダクティカ［編］

勁草書房

まえがき

私たちはこれまで、「グループ・ディダクティカ」名義で、表題に「学びのための」を冠して『授業論』、『カリキュラム論』、『教師論』の三著を世に問うてきた。子どもと教師の「学び」を望ましいものへとつくりかえていくべく、「学び」にとっての重要な構成要素を順次検討してきた経緯の中で、なぜ再び、しかも前著に続けて「教師」を主題とするのか、それを説明しておきたい。

およそ「教育改革」が呼号される限り、そこでの重要な焦点の一つは「教師」である。そのこと自体は今に始まったことではない。とはいえ、近年の動向を概観して痛感されるのは、判で捺したように繰り返される「資質能力の向上」というキーワードと、為政者の意、およびそれを支持する「民意」に沿わない教員（たとえば「指導力不足教員」や儀式的行事における「国旗・国歌」への「不起立」教員）への不平・不満の高まりである。後者はさらに、それらの教員を現場から排除しようという志向として露骨に表明され、政策にも具現化されつつある。

私たちの前著『学びのための教師論』、あるいはそれに先立つ二冊は、今日の時点で振り返ってみれば、「授業やその他の教育活動など、教師の仕事を大過なくこなせること」とでもいった同語反復的な「資質能力」観を超え出て、教師の仕事、とくにその中心としての授業づくり、カリキュラム開発自体の批判的な問い直しを含む「資質能力」の内実とその形成過程を明らかにしようという試みであった。逆にいえば、種々の政策提言で繰り返し提示されている「資質能力」観は、煎じ詰めれば前述の同語反復的なそれであったといえよう。

もとより、わずか数冊の小著の影響力などたかが知れている。しかし、同様の問題意識をもった研究成果や教育実践は他にもあまたあったにもかかわらず、それらが政策提言や具体的な施策に反映される気配はほとんどなく、教師たちへの「不平・不満」は高まる一方である。

一方で、こうした状況は、現場で呻吟する教師たちにとっては、理不尽な、あるいは正体不明の重圧として体感されている。さらに将来的には、教職志望者の量的減少・質的低下に帰結することも危惧される。ちなみに、大阪府における二〇一二年度採用予定者のうち、辞退者が一二％になったというのはその予兆かもしれない。

こうした時代的文脈の中で、教員養成を含む大学教育、さらに高校以下の学校教育の当事者としての私たち執筆者は本書で、これまでのような「正攻法」だけでなく、学校教育に関心を持つすべての人々、とくに、「改革派」首長に期待を寄せる人々、教員志望の学生諸氏にも届くことばを紡ぎだそうと試みた。具体的に、本書の構成に即して予備的に述べておく。

第Ⅰ部では、今日教師たちが直面している困難を、国内を中心とした政策動向（第一章）、教育のグローバル化とそこでの能力開発政策（第二章）の中で可視化するとともに、その中で生きる教師に問われる原理的な問いを提示する（第三章）。

第Ⅱ部では、教員養成課程を中心とした大学での学び（第四章）、初任期（第五章）、初任期から中堅期にかけて（第六章）、中堅期以降（第七章）というライフサイクルに即して、教師の学びと成長の過程が具体的に提示・分析される。対同僚関係、学校文化、地域の教育風土など、扱われる個々の事例に即した分析と、そこから得られるより汎用的な知見とをあわせて提示したい。

第Ⅲ部では、現在の閉塞状況を突破する端緒を、教師たち自身の実践と語り〔制度的要請と自身の教育理念とのジレンマ（第八章）、若手教師の直面する困難（第一二章）〕、校内研修（第一〇章）、教育評価（第一一章）という具体的場面での事例分析と提言、「教師バッシング」の無効性とそれへの対案（第九章）といった角度から提示する。

もとより、これらの試みの成否については、読者諸氏の率直なご批正を仰ぎ、執筆者それぞれの「実践」に活かしていきたいと考えている。

なお、末尾ながら、困難な出版事情の中で本書の出版にあたりご尽力いただいた、勁草書房編集部の藤尾やしおさんにお礼申し上げます。

二〇一二年九月

執筆者一同を代表して　山崎　雄介

教師になること、教師であり続けること——困難の中の希望／目次

まえがき

第Ⅰ部　教師の困難はどこから来るのか

第Ⅰ部　教師の困難はどこから来るのか

第一章　教師になること／教師であることの現在《いま》

山崎　雄介

一　「教師受難の時代」と教職人気

1　「教師受難の時代」と教師叩き――二本のアメリカ映画から

教師生活、教職の「しんどさ」については、現場教師、教育研究者などがしばしば語り、報道もされている。たとえば夏木（一九九二）は、教師という存在を、人々のエゴイズムにひたすら奉仕させられる「奴隷」であると喝破した。その後も、ラインブックス編集部（一九九九）、佐藤・久冨（二〇一〇）、朝日新聞教育チーム（二〇一一）など、「教師受難の時代」を訴える書籍、記事は枚挙に暇がない。こうした「しんどさ」、「受難」は、主要には、世間の学校教育への、そしてその担い手としての教師への期待と、その期待が満たされない（あるいは裏切られた）との失望感とのギャップからくるものである。こうした状況はもちろん、ひとり日本のみのものではない。

たとえば米国で二〇一一年に公開されたドキュメンタリー映画「アメリカン・ティーチャー」（ヴァネッサ・ロス監督）は、マスコミで教師たちに投げつけられる「民間部門より高給を取っている」、「自分たちの利害ばかり追っている」といった非難と、食事や休憩の時間も満足にとれずに仕事に追われる、授業に必要な消耗品等を自腹で購入する、教師の給料だけでは家計を支え切れないため放課後に副業に従事する（にもかかわらず、結局家庭崩壊に至る）などの公立学校教師たちの姿とを対比して描いている。しかし一方、教師の窮状を訴えるこうした声が世間にストレートに受容されているわけではない。というよりは、政治家やメディアからの「教師バッシング」（本書第九章参照）は根強い。

「アメリカン・ティーチャー」の前年に同じく米国で公開されたドキュメンタリー映画「ウェイティング・フォー・『スーパーマン』」（デイヴィス・グッゲンハイム監督）での教師の描かれ方はその好例である。そこでは、貧困から抜け出すための唯一の手段として、近隣の質の低い公立学校でなく、有力なチャータースクール（教育委員会――以下「教委」――管轄でなく、住民、ＮＰＯなどが認可を受けて設立した公立学校。授業料は無料ないし安価）をめざし、入学者を決める抽籤（当選率五～三九％）に臨む五人の子どもの様子が描かれる。並行して、その子たちの残酷な運命の「元凶」として、公立学校教師たちがこれでもかと批判される。とくに、教職員組合の力の強さ、終身雇用《テニュア》がやり玉にあがり、「教師たちのうち、もっとも能力の低い六～一〇％を並の者に入れ替えるだけで、アメリカの生徒たちの成績はフィンランド並になる」という経済学者エリック・ハニューシェク（Eric Hanushek）の言が紹介される。さらに、こうした発想を現実化した事例として、ワシントンＤＣで教育局長

（chancellor）として教師の大量解雇、不成績な学校の閉鎖などの「改革」を断行したミシェル・リー（Michelle Rhee）が大きくとりあげられる（アメリカの動向については後にあらためて触れる）。

ここで興味深いのは、教師を叩くにせよ励ますにせよ、「教師の数が不足している」、「優秀な学生が教職を志望しない」といった危機感は共有されていることである。では、日本ではどうだろうか。

２　進路としての「教職」——傍目には教師は魅力的な職業なのか？

対照的に、日本の場合、子どもたちとその保護者にとっての「教職」の魅力は急減しているわけではない。というよりむしろ、「人気」は持続しているといった方がよいかもしれない。

たとえば、「将来就きたい職業」を小・中・高校生にそれぞれ尋ねている、ベネッセの「子ども生活実態基本調査」（第一回二〇〇四年、第二回二〇〇九年）[1] をみてみよう（調査対象は小学校が四・五年生、中学校・高校が一・二年生）。「保育士・幼稚園の先生」と「学校の先生」とは別に集計されており、表にしたのは後者である（二〇〇九年分は一〇位までの公表で、男子は圏外）。

表１－１　「子ども生活実態基本調査」より「将来就きたい職業」教師の順位

	2004	2009
小学生男子	17	-
小学生女子	6	9
中学生男子	3	4
中学生女子	6	9
高校生男子	1	1
高校生女子	1	2

小学生男子でこそ教師が人気薄だが、注目されるのは、二回とも、学校段階が上がるほど、教師の順位も上昇していることである。このことはひとつには、学校段階が上がるほど「スポーツ選手」「芸能人」「ゲームクリエイター、ゲームプログラマー」とい

った特殊な才能を要求される職を志向するものが減り、「公務員」「研究者・大学教員」「薬剤師」など、世間的に「堅実」とされ、入職ルートが明確である（養成課程や資格試験が存在する）職への志向が強まるということで説明されるだろう。

とはいえ、とくに高校生において、それら「堅実」な職業の中でも教師がトップクラスである（ちなみに二〇〇九年女子の一位は「保育士・幼稚園の先生」）という事実を、私たちはどうみればよいのだろうか。教師たち本人やその周辺が大げさに「受難」を言い立てているだけで、傍目には教職は依然として「魅力的な仕事」だとみられているのだろうか。もちろん、話はそう単純ではない。以下、本章では、教師の「しんどさ」の中身と、それに影響を与えている近年の政策動向を概観することを通じて、以下の諸章で扱われるであろう課題への「道案内」役をいささかなりと果たすことをめざす。

二　新人教師の「困難」の主要な根源——対「大人」関係へのとらわれ

1　ある教師の初任期の回想

かつて話題になった「学級崩壊」が、周りからは経験も力量も豊富とみられている教師のクラスでも発生していたという事実にみられるように、教師の抱える「困難」は一部の未熟な新人だけのものではない。とはいえ、やはり新人教師に矛盾が集約的に表れることも事実である。そこでここでは、私たちの研究仲間であり、本書の共著者である石垣の初任時の回想（石垣、二〇一〇）に主に拠りながら、教師自身が感じている「困難」について整理してみよう（本人がこうした「困難」をどう乗り切り、同様の境遇にある後輩たちをどう援助しているかについては第一二章参照）。

石垣は、教員養成系学部を卒業後、大学院修士課程に進学、その後適応指導教室の非常勤職員として不登校児の支援に携わったのち教員採用試験に合格、三二歳で小学校の教壇に立つことになった。

彼の手記は、「高速道路を時速一〇〇kmで走行中に、その五〇cm後ろを同じ速さでピタッとついてこられるようなしんどさで、毎日のように『こんな仕事もう続けられない』と思っていました」（石垣、二〇一〇、七〇頁）という、六月に書き残したメモから語り起こされている。彼は二学期までは何とか乗り切ったものの、とくに荒れていた一人の男子との関係が一定の落ち着きをみせた三学期には心身の疲労が身体症状化し、顔面神経麻痺で二週間病休することになった。

では、何がそんなに「しんどかった」のか。教職二年目の時点から振り返って、石垣はその「しんどさ」「困難」を、「二種類の困難が入り混じって、実態のない『困難・苦悩』（正確には『実態以上に大きなものとして体感される』ということだろう）となっていた」と整理している。二種類というのは、「経験不足や仕事をわかっていないことからくる『困難・苦悩』」と、「関係性における『困難・苦悩』」である（石垣、二〇一〇、七二—七四頁）。石垣本人の手記、あるいは同じく佐藤・久冨（二〇一〇）に収められた他の若手教師の手記や、初任時に自殺に至った三人の教師の事例をみても、より深刻なのは明らかに後者なので、少し詳しくみてみよう。

2　もっとも深刻な困難の源泉としての対「大人」関係

教師が職場で「関係」をもつ相手といえば、「子ども」「保護者」「同僚・管理職」である。もちろんこの三つの関係は独立したものではなく、とくに子どもとの関係の良否は、当該の子どもや学級の他の子どもの保護者との関係にも、同僚・管理職との関係にも大きく影響することはいうまでもない。また逆に、「周りのクラスや学校の方針に合わせなければ」という焦りから子どもへの応対が管理的なものになるなど、同僚・管理職との関係が子どもとの関係に影響するということもある。さらにいえば、「経験不足等からくる『困難・苦悩』」にしても、どの程度深刻なものとして体感されるかは、同僚・管理職や保護者との関係――失敗に対して寛容か否かなど――によっても変わってくる。

具体的にみていくと、まず、教師に困難を感じさせる子どもとの関係は、「集団として学級を『動かす』ための関係づくり」と、「とくに手のかかる子どもとの関係づくり」に大別される。前者については、授業がうまくいかないことの他に、朝礼や集団下校などの際、自分の学級だけがスムーズに動けないことにより、「周囲に迷惑をかけている」という焦り、そこから子どもたちに威圧的に接してしまう自分への嫌悪感などとして体感される。ただし、こちらについては、他に大きな困難がなければ、仕事への慣れ、技術の獲得などで時間の経過とともに解消していくことが多い。

後者については、それ自体としては多くの説明は要さないだろうが、手のかかる子どもへの対応に追われる中で学級の他の子どもたちと十分接することができず、ますます子どもたちとの関係を悪化させる、という形で困難がより増幅するという点はおさえておきたい。加えて、石垣の手記にもあるが、手のかかる子、教師に反抗的な子との間で心が通じ合ったり指導が功を奏したりという経験は、一転して初任教師に大きな力を与えることも強調しておきたい。

次に、保護者との関係については、石垣の手記では、問題行動を頻繁に起こす一人の子どもの保護者に邪険に応対されたという程度で済んでいるが、佐藤・久冨（二〇一〇）所収の他の事例では、連絡帳に指導への不平不満を執拗に書きこまれたり、学級懇談会の席上で非難の集中砲火を浴びたり、といったエピソードが報告されている。ただ、こうしたケースが実際に当該の教師本人の困難・苦悩としてどこまで深刻化するかは、同僚・管理職の姿勢にかなり左右される。たとえば前掲書に紹介されている、自殺に至った東京都新宿区、西東京市、静岡県の初任教師の場合、いずれも保護者とのトラブルにかかわり、管理職が、本人の事情や言い分を聴くこともせず、一方的に保護者や同僚に対して謝罪をさせるという対応をしていた。

さて、その同僚・管理職との関係であるが、とくに近年の少なからぬ初任者が感じている同僚・保護者からのまなざしは、「一方では『新米』扱いされるのに、他方では『一人前』の仕事を要求される」というものである。つまり、個人としては力量がない「未熟者」として遇されるのに、仕事上では新米の「権利」としての失敗や試行錯誤（こうした失敗・試行錯誤を含みこんだ教師の成長論として、佐藤・山﨑ほか、二〇一二を参照）を許されないというダブルバインドである。たとえば石垣（二〇一〇、七六―七七頁）には次のようなくだりがある。

「初任者である」ということで、いろいろと指導や助言をしてくれる先生がたくさんいます。うちのクラスが「朝自習の時に騒がしいのは、先生が黒板にすることを書いていないからだ」という理由で、朝、僕が教室に入ると、／「朝自習　読書をしましょう。しずかに読んでいましょう」／とお手本を示すかのように書いてくれていました。「わからないから教えてあげなければならない新任教師」というのは何も間違っていなくて、実際、教えてもらわないとわかりません。……そんなに何もかもが、「他の人からみてうまくいっているように見えるようになることはない」だろうし、そういうことを「求められる」ことが、もっとも苦しいことでした。

「新任だからうまくいかないことがあるのは仕方ない」という「善意」の視線と、「一刻も早く『うまくいく（と傍からみえる）』ようになれ」という「まじめさ」の視線との間で引き裂かれる初任教師の生きづらさが象徴的にあらわれたエピソードではないだろうか。

このように考えてくると、教師の困難は、当初は対子ども関係のそれであっても、最終的には対保護者関係、対同僚・管理職関係の困難としても体感されることになる。やや無責任な言い方をすれば、子ども（たち）との関係の悪化であれば、一年間を何とかやり過ごせば――あるいは岡崎（二〇一一、九八頁）がいうように、年度途中であっても「子どもたちと煮詰まって、どんどん悪循環を起こす」前に休職することも含め――、リセットが可能なケースもある。しかし、同僚・管理職との関係は通常それよりは長期的である分、より深刻な困難として体感されうる。

そして、こうした対「大人」関係の困難は、生徒の立場からはみえにくい。そのことが、第一節で挙げた「教師受難の時代にもかかわらず教職人気はそう衰えていない」ことの主要な原因なのではないだろうか。そうだとすれば、そこからさしあたり以下の課題を指摘することができる。それは、教職課程履修開始時点ではこうした困難を認識していない（がゆえに、教育実習や採用後の学校現場で「リアリティ・ショック」にさらされがちな）教職志望者たちを、いかにして教師として育てていくかという「教員養成」の課題、さらには、初任期以降の教師としての成長をいかにして促進するかという「教員研修」の課題である。これらについての私たちからの積極的な提起は第Ⅱ部以降に譲るとして、本章では、それらをめぐる政策動向について検討する。

三　教師をめぐる政策動向──「資質能力向上」策の矛盾

1 「免許授与時に完成品を」との想定の非現実性

ここ二〇年前後に実施されてきた教員の資質向上策を概観すると、まず全国的なものとしては、「初任者研修」（一九八九年〜）、「十年経験者研修」（二〇〇三年〜）といった法定研修や「教員免許更新制」（二〇〇九年〜）、教員評価の強化（二〇〇〇年前後〜）といった、①採用後の資質能力向上策と、「教職に関する科目（個別教科の内容でなく、指導法など方法・技術面）」の強化、新科目・体験等の設置（「介護等体験」、「教職実践演習」など）といった、②教員養成課程の改革、および「教職大学院」（学部新卒者の新人教員としての養成と、中堅教員の資質向上、ミドルリーダーとしての育成とを行う）設置など、③養成課程・採用後の研修の両者にまたがる施策、という三つの流れが確認できる。

さらに、地方レベルでは、①にかかわって、東京都教育委員会のように、教諭、主幹教諭、管理職など職階別の人材育成方針を策定するような自治体も出現しつつあるし、それ以外の道府県でも、初任研、十年研以外に経験年数別、職階別の研修を課している。さらに東京都教育委員会は②③について、各地の小学校教員養成課程に提言（「小学校教員養成課程のカリキュラムについて」二〇一〇年一〇月）を送りつけたり、都内の各教職大学院のカリキュラムに容喙したりといったことも行っている。

これら施策のいちいちについて詳細に言及する紙数はないので、やや大胆に主要な論点を提出する。第一に、「教職大学院」「教職実践演習」、さらに、実現可能性は未知数ではあるが、中央教育審議会「教員の資質能力向上特別部会」から提案された教員養成の「修士レベル化」も含め、直近の改革および改革構想には、「養成課程修了段階で教員としての基礎的力量を備えた『完成品』を輩出すべし」とでもいった、おそろしくリアリティの欠如した発想が顕著である。前節で概観したように、初任教師の直面する困難のうち、指導技術の不足、それに起因する学級経営の問題などは、多くの場合、時間の経過とともに軽減される。より深刻なのは、それらを契機とした対同僚・管理職関係や対保護者関係での困難なのであり、これらは「実習」で経験することが原理的に不可能なものである。対同僚・管理職関係といい、対保護者関係といい、「実習生」という立場では、本当には経験できない。

さらに、新規採用時に「完成品」を求める動向の「副作用」として、初任者が、傍目に破綻のない指導を志向しがちになるということがある。そこでは表面的に子どもが「落ち着いている」ことが強迫的に求められるため、管理的・高圧的な指導に傾斜しがちになる。教職初期にそうした「癖」をつけた教師がその後壁に突きあたった時、柔軟に対処していけるかははなはだ疑わしい（こうした問題点をふまえた上での養成カリキュラムや研修の改善の視点については本書第Ⅱ部・第Ⅲ部を参照）。

2　平板な「資質能力向上」イメージ

第二に、一連の改革構想で想定されている教育実践のイメージや教師の成長モデルは、総じて平板な机上の空論であり、力量形成の事実に即した教師研究の知見からは大きくかけ離れている。教師の成長についていえば、授業や教育実践にかかわる教師の力量形成が、すぐれた教師であればあるほど、単純な右肩上がりの成長モデルでなく、それまでの実践スタイルの解体・再編を伴う非連続的な、時には停滞ともみえる局面を含むプロセスであることが数々の研究により解明されている（本書第Ⅱ部および山﨑、二〇〇二、森脇、二〇〇七など参照）。

たとえば授業ひとつとっても、すぐれた教師の授業は、板書、発問といった個別的で養成課程でも指導可能な技術が高度であるというよりは、子ども観、子どもとの関係のつくり方や、教育内容・教材についてのとらえ方にその教師の独自性があるという成り立ち方をしていることも多い。その意味でも、養成課程で「完成品」を、という発想は見当はずれである。

もっとも、このようにいうと、「だったら、新人教師は授業も満足にできない未熟者でよいのか。そんな教師に教わる子どもの身にも（あるいは子どもを預ける親の身にも）なれ」という反論が予想できる。それに対して応答しておこう。

重要なのは、子どもが受ける教育の質がどうかということである。未熟な教師の存在それ自体ではなく、一人の教師の未熟さが教師集団・学校によってカバーされないことこそが問題なのである。

たとえば、ひところメディアを賑わせた、保護者から学校・教師への理不尽ともとれる（時には実際に理不尽な）要求をめぐる問題はこの点で典型的である。こうした要求の背景には、子ども自身の発達上・学習上の困難・ニーズのほか、場合によっては保護者自身の仕事・子育てに関する困難、さらには（それと自覚されない）障がいや精神疾患などが関連しているケースもある（楠、二〇〇五などを参照)。こうした、福祉、医療なども含めた総合的な支援が必要なケースがあること、そうしたケースにどのような機関や専門家が関わり得るか（その点を概観するうえで、たとえば小野田、二〇〇九など参照）については教員養成課程で学修することも可能であろう。しかし、実際の学校での動きをつくるのは、個別の教員というよりは管理職や各種主任を中心としたチームであり、個別の教師（とくに新人教師）の資質・力量単体で問題が解決しないことは明らかであろう。

3　「教員免許更新制」の実像——教師への侮辱の制度化

第三に、現職教員の研修にかかわる政策については、「教員免許更新制」があらゆる意味で象徴的である。すなわち、教師の力量形成にとっての実効性についてのまともな検討など一切ぬきに、政治家の「改革」アピールのためにのみ創設された、という意味において。

文科省は制度の趣旨を、「時々で教員として必要な資質能力が保持されるよう、定期的に最新の知識技術を身に付けることで、教員が自信と誇りを持って教壇に立ち、社会の尊敬と信頼を得ることを目指すもの」であり、「不適格教員の排除を目的としたものではありません」としている。

しかし、「一〇年に一度、二年間の受講期間内に大学等で計三〇時間以上の『免許状更新講習』（以下「更新講習」）を受講、講習のユニットごとに行われる修了認定試験にすべて合格しなければ免許状は失効」という枠組は、すべての教師を潜在的な「不適格教員」候補者とみなすという点において、「尊敬と信頼」とは対極の、教師たちに対するディスリスペクト（侮辱）の極致である。ちなみにこの点は筆者自身、鈴木寛・文部科学副大臣（当時）に直接質したことがある（二〇一〇年五月二一日、

「日本教職大学院協会総会」における彼の講演での質疑にて)。それに対する回答は、「大学での受講機会を定期的にもつことは大事なので制度自体は必要だが、教師をディスカレッジ(意気阻喪)させている面は確かにあるので、免許失効との連動については検討の余地がある」というものであった。

この回答のうち、侮辱を意気阻喪という微温的な語にすり替えたことへの批判は措くとしても、更新講習が「大学での受講機会」という実質をもったものであるかについては触れておく必要があろう。更新講習は、一二時間以上の「必修講習」、一八時間以上の「選択講習」に区分され、多くの場合、前者は一二時間セットで履修することが多く、後者はたとえば六時間・一ユニットを三つ履修する形態、実習・宿泊などを伴う一二時間、一八時間などのユニットを一〜二つ履修する形態などさまざまである。開講主体は、教委、NPOなども一部あるが、圧倒的多数は教員養成課程を置く大学(ただし講習担当者は教員養成関係者とは限らない)である。

まず、「必修講習」については、大学側が自由に内容を設定できるわけではなく、「教育政策の動向(学習指導要領や各種法令など)」、「教職についての省察」などの枠組が文科省によって設定されている。このため、受講者である教師たちからは、「既存の研修の焼き直し」などとしてきわめて不評であり、大学ならではの「学問の先端」などというイメージからは程遠い代物である。

一方、選択講習については、いちおう「教科指導、生徒指導その他教育の充実に関する事項」というお題目はあるものの、事実上は担当者の得意分野で構わないため、ものによってはきわめて好評である。ただしその「好評」の中身については、本書第九章で紹介されている著者(村井)自身の講習のような、教師の力量向上を明確に志向し、その目標との関連で有効性を評価されているタイプと、

「役には立たないだろうが面白かった」というタイプとが混在していることはみておく必要がある。

ともあれ、内容面でいうと、「更新講習」の「打率」は相当に低いといわざるを得ない。加えて、受講を義務づけておきながら個々の教師が受講するための条件整備は不十分であること、教師の資質向上という「公益」を目的としながら費用負担を個々の教師にさせるという理不尽さなどをあわせて考えるなら、「教員免許更新制」の制度としての収支は、明らかに巨大な赤字である。

四　学校と教師の管理——評価・説明責任の跋扈と首長のイニシアティヴ

1　「学校評価」と教育実践

右でみた「資質向上」策よりもはるかに直接的に、教師たちの「働き方」や職場の人間関係に影響を及ぼす（したがって、第二節でみた「困難・苦悩」にも直接的につながっている）のは、「評価」をテコとした学校のパフォーマンスの統制と、それを通じたアカウンタビリティ（説明責任・結果責任）への圧力（その国際的展開については本書第二章参照）であろう。代表的なものとして、ここでは「学校評価」をとりあげる。高校以下での学校評価は、二〇〇二年の学校設置基準での「自己評価」の「努力義務」規定に始まり、二〇〇七年の学校教育法・同施行規則改正により、教職員による「自己評価」が義務として、保護者・地域住民による「学校関係者評価」が努力義務として法制化された。具体的には、文科省の「学校評価ガイドライン」、市町村教委のひな形を参考にして各学校が評価項目・評価基準を設定して自己評価を行い、その結果を踏まえて保護者等が学校関係者評価を行うという関係になる。

では、こうした学校評価が、教育実践をどのように方向づけ、それが教師たちの「困難・苦悩」にどのようにつながっていくのだろうか。

第一に、基本的に評価項目はすなわちその学校にとっての「目標」とされるため、教育実践の「善さ」についての関係者の価値判断を強力に方向づけることになる。「学校評価ガイドライン」では「学力の状況に偏重するなど特定の成果等によって一面的に学校運営が評価されることのないよう」などの留意事項を付してはいる。しかし、実態としては、「県テストでの自校の成績が県平均を上回る」、「無言で最後まで清掃する子を八〇％以上にする」、「外遊びが好きな子の割合を八〇％以上にする」（広島県のある市の学校評価より）式の、いびつな教育観からくる目標が設定されることも多い。

学校全体がこうした目標の達成を迫られる中では、目標に疑いをもつことはもとより、目標達成をめざす教育活動に「乗ってこない」子どもや、そうした子どもに丁寧につきあおうとする教師の営為は、目標達成への阻害要因として疎んじられることになる。

第二に、自己評価と学校関係者評価が連動することにより、学校評価はともすれば、保護者からの学校への視線にまで、一面的な目標のバイアスをかけることになる。たとえば東京都のある地域の学校評価の項目には、「児童・生徒に正しい姿勢で学習させている」「ノート等に正しく丁寧に文字や数字を書かせている」「児童・生徒同士は、適切な言葉遣いをしている」「〔教職員は〕服装や身だしなみなどに気を付けている」等々、管理職による勤務評定と見まがうような項目が並んでいる。

もとより、ここに並んでいる項目自体は、一般論としては否定しにくい。しかし、具体的な実践の場面では、これら外面《そとづら》を整えることの優先順位は必ずしも高くない。上記のような項目を学校関係者が評価する場合、当然、授業等を参観して行うわけではあるが、たまたまある日参観した（しかも学級から学級へ渡り歩く形で）評価者の目にとまった光景が上記の「目標」とかけ離れているからといって、そのことに過大な意味をもたせるのは誤りだろう。まして、「通勤、退勤時、学校外での服装も意識に入れてほしい」（上記「服装や身だしなみなどに気を付けている」という評価項目への学校関係者評価のコメント）などという、常識すら欠如したコメントを無批判に評価報告書に記載し、学校ウェブサイトで公開するという行為が、いかに教師たちに対する侮辱であることか。

なお、「教師への侮辱であれ何であれ、厳しく評価することで教育実践が改善するならそれでよい」という向きに一言応答しておこう。残念ながら、この種の評価の精緻化は、松下（二〇〇九、一二三頁）が子どもの学びに即して明らかにしているように、評価者から成果を「承認・評価」されるよう被評価者が成果を「偽装＝構築し《シミュレーション》……提　示《プレゼンテーション》・アピールする」ことを通じた実践の空洞化にもっぱら帰結する。そのことは、学力テストの成績公開がさかんな地域での、管理職を含む教師による正解教示、答案改竄などの不正（東京都足立区、広島県三次市など）が如実に示している。

2　首長主導の「教育改革」における教師の位置

本章の最後にもう一つとりあげておかなければならないのは、いくつかの自治体における、首長の強力なリーダーシップのもとに公教育・教師を服従させようという志向性である。ここではその極端な事例として、橋下徹・大阪市長（前府知事）の率いる「大阪維新の会」による教育条例制定の動きをとりあげる。簡単に流れを追っておくと、まず二〇一一年九月に府議会に「大阪府教育基本条例

（案）」（以下「当初案」）が提出されたが、府の教育委員からの強い反発、上位法令に抵触するとの指摘などもあり、可決には至らなかった。その後、府知事・市長のダブル選挙での「維新の会」候補の当選を経て、二〇一二年二月、府議会に、「大阪府教育行政基本条例（案）」、「大阪府立学校基本条例（案）」、「大阪府職員基本条例（案）」が、市議会にほぼ同内容の三条例案が提出された（府では三者すべてが、市では「大阪市教育行政基本条例（案）」が可決）。

一連の条例にこめられた橋下らの政策意図は、当初案の前文の「教育行政からあまりに政治が遠ざけられ、教育に民意が十分に反映されてこなかった」状態を改め、「議会が条例制定を通じて、教育行政に関し、民意を反映する」という点にある。ただし橋下らは、首長・議会（特に前者）が「選挙を通じて民意を反映する」と繰り返し主張しており、ここでいう「民意」とは事実上首長のイニシアティヴのことである。本書の主題である「教師」については、とくに次の点が最大の問題となろう。

それは、「能力と業績に応じた人事を徹底」するとの方針のもと、S～Dの五段階評価による人事評価を行い、その結果を任用、給与、分限処分等に反映させるとしていることである。教師については、こうした職員一般の人事評価に加え、学校評価の一環として校長が児童生徒・保護者の意見を斟酌して授業評価を行う（「市立学校活性化条例（案）」）ことが規定され、また保護者等から教委が任命する「学校協議会」に「指導が不適切である教員に対し校長が講ずべき措置等について、校長に意見を述べる」権限が付与される（同）など、より詳細な内容が想定されている。

念のためにいっておけば、「指導が（著しく）不適切な教員」を解雇する（分限免職）ことは、新たに条例など制定しなくとも可能である。教育公務員特例法（第二五条の二、三）は、指導が不適切であると認定した教員に対し、一年間（必要な場合一年間のみ延長可）の「指導改善研修」を実施することを任命権者（都道府県、政令市等教員採用の主体となる自治体の教委）に義務づけている。研修修了時には改善の有無を判定し、改善がみられない場合は免職等必要な措置を講じなければならない。

とすれば、「屋上屋を架す」ごとき条例の「意味」は、首長を頂点とした命令系統への服従を教師たちに強いること以外ではあり得ない。そのことは、学力向上などの保護者の教育要求――民意――とはおよそ関係のない「国旗・国歌」問題への橋下らの異様なこだわりからも傍証されよう。しかし、皮肉なことには、「民意」が求める教育成果（学力、進学実績など）は、こうした命令系統への忠実な服従者ではなく、往々にしてそうしたものへの旺盛な批判意識をもった教員によって担われるのが現実である（本書第八章および松崎、二〇〇七を参照）。

ここで再度、冒頭に述べたアメリカの状況を想起していただきたい。ニューヨーク市やワシントンDCでも、首長の意を受けた教育局長による、「雇用し解雇する（hire and fire）」（とくに後者）権限を利用した強権的な改革が二〇〇〇年代に入り行われてきた。しかし、そうした改革の成否については、否定的な総括が浮上してきている。

代表的なものとして、ダイアン・ラヴィッチ（Diane Ravitch, 2010）は、自らもクリントン～ブッシュ（子）政権周辺で加担してきた二〇〇〇年代アメリカの教育改革（ニューヨーク、ワシントンも含む）を、総じて失敗だったと自己批判している。とくに、テスト成績によるアカウンタビリティの強迫的な追求のもとでの学校から州レベルに至るごまかしの横行、「不適格教師をクビにしてよりましな教師と置き換える」という、第一節で触れたハニューシェク - リー的な発想の破綻（「不適格」との判定のあやふやさ、解雇数にみあう「よりまし」な教師の供給の不在など）を指摘している。

五　困難の中に希望はあるか

以上、本章では、「教師になる」、「教師である」ことにまつわる困難と、関連する政策動向を概観してきた。問題設定との関係上、「困難」が前面に出る叙述ではあった。とはいえ、様々な教育問題の解決をもっぱら教師の「資質・能力」に委ねる「制度いじり」に展望がなさそうだということをおぼろげにでも感じ、以下の章で語られる「希望」――政策動向などの制約の中で教師たちはいかに実践し、資質能力を向上させているのか、そうした事実が教員養成・研修に示唆することはなにかについての私たちの提起――に目を向けてもらえたなら、本章の役割は果たせたのではないかと考える。

注

（1）　http://benesse.jp/berd/data/index.shtml（二〇一二年五月閲覧）

文献

朝日新聞教育チーム（二〇一一）『いま、先生は』岩波書店
グループ・ディダクティカ編（二〇〇七）『学びのための教師論』勁草書房
石垣雅也（二〇一〇）「『困難・苦悩』の中に『希望と勇気』を見つけて」佐藤・久冨（編著）、七〇―八八頁
楠凡之（二〇〇五）『気になる子ども　気になる保護者』かもがわ出版

ラインブックス編集部編（一九九九）『聖職だなんて誰も思っちゃいねえよ』ラインブックス
松下良平（二〇〇九）「リキッド・モダンな消費社会における教育の迷走」『現代思想』第三七巻第四号、一一四―一四二頁
松崎正治（二〇〇七）「初任期国語教師の力量形成の過程」グループ・ディダクティカ編、五七―八二頁
森脇健夫（二〇〇七）「教師の力量としての授業スタイルとその形成」グループ・ディダクティカ編、一六七―一九二頁
夏木智（一九九二）『誰が学校を殺したか』ＪＩＣＣ出版局
岡崎勝（二〇一一）『きみ、ひとを育む教師（ひと）ならば』ジャパンマシニスト社
小野田正利編著（二〇〇九）『イチャモン研究会』ミネルヴァ書房
Ravitch. D. (2010) *The Death and Life of the Great American School System: How testing and choice are undermining education.* NY: Basic Books.
佐藤博・久冨善之編著（二〇一〇）『新採教師はなぜ追いつめられたのか』高文研
佐藤隆・山﨑隆夫と25人の若い教師たち編（二〇一二）『教師のしごと』旬報社
山﨑準二（二〇〇二）『教師のライフコース研究』創風社

ＤＶＤ
AMERICAN TEACHER. First Run Features, 2011.（R0のため国内の一般的なプレーヤで再生可能）
WAITING FOR "SUPERMAN". Participant Media, 2010（R1のため国内の一般的なプレーヤでは再生不能）

第二章　学校は、なぜこんなにも評価まみれなのか
――教育のグローバル化とＰＩＳＡの果たした役割

松下　佳代

一　評価の時代

現代は「評価の時代」といわれる。社会のいろいろな領域や場面で、一九九〇年代以降、とくに二〇〇〇年代に入ってから、評価の存在が大きくなってきた。企業での社員評価や経営評価はいうまでもなく、政策評価、自治体評価、ＮＧＯ評価、保健福祉評価、環境評価、開発援助評価など、いまや評価抜きに一定の規模の事業や活動を続けることはほとんど不可能になっている。背景にあるのは、事業や活動がもたらす成果への関心の高まりであり、その成果を明らかにするための手段として評価が用いられている（三好、二〇〇八）。

学校も例外ではない。もともと、学校は、定期試験、入学試験、通知表、指導要録、内申書、学位

審査など、生徒・学生に対するさまざまな評価に満ちた場所である。だが、評価の時代の特徴は、評価の対象が、生徒・学生だけでなく教員や組織の評価にも広がってきたこと、しかも、それが、法的な縛りをかけて、文部科学省や地方教育委員会主導で行われるようになったことにある。二〇〇四年度から大学に対する認証評価や国立大学法人評価が実施され、二〇〇七年には高校以下の学校についても学校教育法によって学校評価が義務化（一部は努力義務）された。教員評価は、愛媛県の一部を除き全国のすべての小・中・高校ですべての教師に対して実施されており（文部科学省調査「教員評価システムの取組状況」二〇一〇年四月現在）、大学でも全国の大学七三二校中三五四校（四八・四%）が教員の教育面での業績評価を実施している（文部科学省調査「大学における教育内容等の改革状況について」二〇〇九年五月現在）。生徒・学生に対する評価も軽減されてはいない。二〇〇七年には「全国学力・学習状況調査」（以下、「全国学力調査」）が全国の小学六年生、中学三年生を対象に実施されるようになり、それにあわせて各地方教育委員会や学校では学力テスト対策に力が注がれるようになった。大学でも、「学士力」をうたった中央教育審議会「学士課程教育の構築に向けて（答申）」（二〇〇八年一二月）以来、学習成果の評価が全国の大学で取り組まれ始めている。

そんななかで「評価疲れ」が問題になっている。評価を実施するには、データの収集や分析、報告書の作成などに多くの時間と労力がかかるが、そのわりに、どう教育を改善すればよいかは見えてこず、徒労感に苛まれることが多い。香川県のある小学校教師が県内の小中学校教員を対象に行った調査（四九〇人回答）によると、「学校にいる時間」は、「一二時間」が三三%、「一三時間」が一六%で、「体も気持ちも疲れ果てた」に「よくある」「時々ある」と答えた教師の合計が六二%にも上った（『朝日新聞』二〇一二年三月九日付)。このように教師を多忙化させ、疲弊させている原因の一つに評価業務があることは間違いないだろう。

学校は、なぜこんなにも評価まみれになってしまったのだろうか。ここにいたる過程はどのようなものだったのか。どんなスタンスで評価に向かえばよいのか。本章は、現代の教師の困難と希望を、評価という面から照らし出すことを目的としている。以下ではまず、評価をめぐるグローバルな潮流を整理し、次に、日本にその潮流が入りこんでくる上で、OECD(経済協力開発機構)のPISA《ピザ》(生徒の学習到達度調査)が大きな役割を果たしたことを示す。最後に、いまとは異なる評価のかたちを考えることで、現在の評価体制の中にも希望を見出したい。

二　グローバル教育改革運動(GERM)とPISA

1　教育のグローバル化――GERM《ジャーム》

評価まみれなのは実は日本だけではない。評価の時代は世界中に訪れている。そこにはどんな背景と仕組みがあるのだろうか。

フィンランドの教育改革の立役者の一人、パシ・サールベルグ(Pasi Sahlberg)(1)は、欧米、オセアニア、東アジアなどに共通にみられる教育改革の潮流を、「グローバル教育改革運動(Global Educational Reform Movement: GERM)」と名づけている(2)。英語のgermには病原菌という意味がある。病原菌のように広がって各国の教育を浸食しているという意味を暗に込めたのかもしれない。サールベルグによれば、ＧＥＲＭには少なくとも五つの特徴があるという（Sahlberg, 2011, pp. 100–103）。

①教授・学習の標準化

すべての学校・教師・生徒に、明確な目標（スタンダード）を課し、授業とカリキュラムを標準化する。そうした目標がどのていど達成されたかを測定するために外部テストを行い、その結果を教師や学校の評価に用いる。このような特徴をもつ教育として、一九八〇年代には「成果にもとづく教育（outcomes-based education）」、一九九〇年代以降は「スタンダードにもとづく教育（standards-based education）」が提唱されるようになった。

②中心教科への焦点化

読み、書き、算数・数学、自然科学の基本的知識・技能を教育改革の主要なターゲットと指標に掲げる。ＯＥＣＤのＰＩＳＡ、ＩＥＡ（国際教育到達度評価学会）のＴＩＭＳＳ《ティムス》（国際数学・理科教育動向調査）といった国際調査を通じて、また、国や地方ごとのテストを通じて、読解・数学・科学のリテラシーや学力が、国・地方・学校の教育の成否を示すものとして位置づけられるようになってきた。その結果、こうした中心教科の授業時数は増加し、その分、他の教科や学習活動は軽視されることになった。

③規定のカリキュラムや計画に縛られた授業

前もって定めたスタンダードの達成や中心教科を強調する政策は、教授・学習の幅を狭め、教師をテストのための準備教育に走らせる。テストがハイステイクス（＝テストの参加者に大きな影響や利害をもたらすこと）になればなるほど、授業で実験的な方法を試みる自由度は下がる。

④企業社会からの改革モデルの借用

ＧＥＲＭでは、企業社会から学校へもちこまれた経営管理モデルが用いられる。こうした借用を通じて、公教育の中に民間企業で使われているロジックや手法が入りこんでくる（後述のＰＤＣＡサイクルやベンチマーキングなどもその例である）。

⑤テストにもとづくアカウンタビリティとコントロール

学校や教師の成功の度合いは、アカウンタビリティ（説明責任・結果責任）を果たすために実施される標準テストや外部評価によって決定される。テストや外部評価ですぐれた成績をおさめた学校や教師は財政援助や報償・昇進などを得るが、逆に、求められた水準を満たせなかった学校や教師は処分（最も厳しい場合は廃校、解雇など）を受けることになる。

このように、ＧＥＲＭの中には、標準テストや外部評価といった評価が不可欠の要素として位置づけられている。日本の学校が評価まみれになっているのも、日本の学校がＧＥＲＭの潮流の中に巻きこまれていることの一つの表れなのである。本章では、日本にその潮流が流れこんでくる上で、ＰＩＳＡが大きな役割を果たしたことを明らかにする予定だが、その前に、ＰＩＳＡとは何なのかを確認しておこう。

２　ＧＥＲＭの一部としてのＰＩＳＡ

（1）評価指標の開発とデータの提供

ＰＩＳＡは、ＯＥＣＤが一五歳児を対象に実施している、生徒のリテラシーに関する国際比較調査である。ＯＥＣＤでは、経済のグローバル化という背景の下、世界各国の教育を共通の枠組にもとづいて比較できる指標を開発しデータを収集するために、一九八八年から、「教育インディケータ事業（Indicators of Education Systems: INES）」を進めてきた。ＰＩＳＡの第一の目的は、ＩＮＥＳの一環として、各国の義務教育修了段階での成果をみるための指標（インディケータ）を開発し、データを提供することにあった。

何によって成果を測るか。その指標として選ばれたのが「リテラシー」である。リテラシーというのはもともとは読み書き能力のことだが、ＰＩＳＡではもっと広く、〈思慮深い市民として社会に十全に参加するために、知識や技能を使いながら思考、判断し、自分の考えを人に伝える能力〉としてとらえている。例えば、読解リテラシーの定義は、「自らの目標を達成し、自らの知識と可能性を発達させ、効果的に社会に参加するために、書かれたテキストを理解し、利用し、熟考し、これに取り組む能力」（国立教育政策研究所、二〇一〇、二三頁）となっている。単に、ある場面で知識や技能をうまく活用できるという認知的側面だけでなく、読書を楽しみと感じていて実際によく読書しているといった情意的・行動的側面も含まれていることがわかるだろう。リテラシーの分野も、読解のほか、数学、科学を加えた三つの分野に広がっている。

調査は二〇〇〇年から三年ごとに実施され、毎回、調査の中心分野を変えながら、二〇一五年まで続けられる予定である。読解・数学・科学のどの分野も二回、中心分野としてすえることで、詳しい経年比較を行うことが可能になっている。参加国・地域は回を追うごとに増えており、PISA2009には六五の国・地域が参加、世界経済の約九割をカバーするまでになった。

調査項目は、調査問題（二時間）と質問紙（約三〇分）の二本立てで構成されている。調査問題では自由記述形式が約四割を占めており、その中には、「温室効果」（科学的リテラシー、二〇〇六年）や「携帯電話の安全性」（読解リテラシー、二〇〇九年）など、専門家でも意見が分かれているような論争的な問題を扱ったものも少なくない。例えば、「温室効果」問題では、地球の平均気温が上昇したのは二酸化炭素排出量が増加したためだという意見とそれに懐疑的な意見を比べさせ、それらが根拠にもとづいた推論かどうか、グラフを見せながら考えさせている。一方、質問紙（アンケート）は「生徒質問紙」と「学校質問紙」に分かれており、生徒質問紙の方は、生徒の家庭環境（経済的・社会的・文化的な背景など）と生徒の学習の情意的・行動的側面について生徒自身が回答し、学校質問紙の方は、学校の教育・学習環境などについて校長が回答することになっている。このように、リテラシーの認知的側面は調査問題を通じて、また、リテラシーの情意的・行動的側面やリテラシーに影響する背景要因については質問紙を通じて、それぞれデータが収集されているわけである。

INESで開発されている数々の指標とデータは、OECDが毎年刊行している*Education at a Glance*（邦題『図表でみる教育』）に掲載されている。これをみると、政策評価のための指標の開発とデータの提供というPISAの性格がよくわかる。

（2）教育改革のための政策立案・実施の方向づけ

だが、ＰＩＳＡを使って行われていることは政策評価にとどまらない。各国の教育システムを同一の指標によって比較可能にすることで、教育改革を方向づける働きもしている。

ＯＥＣＤがＰＩＳＡ２００９の結果をもとに二〇一〇年に刊行した *Strong Performers and Successful Reformers in Education: Lessons from PISA for the United States*（邦題『ＰＩＳＡから見る、できる国・頑張る国――トップを目指す教育』）は、そのことがよくわかる報告書だ。この報告書はアメリカ・オバマ政権の教育政策「トップを目指す競争（Race to the Top）」に示唆を与えるために、ＰＩＳＡでトップクラスにいる国・地域や、急速に成績を伸ばしている国・地域について、その教育システム、成功の要因などを分析したものである。取り上げられているのは、カナダ・オンタリオ州、上海・香港、フィンランド、日本、シンガポール、ブラジル、ドイツ、イギリス、ポーランドである。これらの国・地域が選ばれた理由は一様ではない。例えば、オンタリオ州の場合は、移民が多いにもかかわらずなぜ好成績をおさめているのかに焦点があてられ、日本の場合は、なぜ長期間にわたって継続的に好成績をおさめているのかに焦点があてられている。こうした国・地域とのベンチマーキング（＝すぐれた成績をおさめている組織と、自分たちの組織の現状を比較することによって、継続的に自分たちの組織を評価し改革していく経営手法）によって、アメリカの教育政策への教訓が引き出されている。

二〇一一年六月には、この報告書をもとに、ＯＥＣＤと文部科学省共催の第一四回ＯＥＣＤ－Ｊａｐａｎセミナー「ＰＩＳＡから見る、できる国・頑張る国」が開催された[3]。この中で、かつてイギリス・ブレア政権で主席教育顧問をつとめたマイケル・バーバー（Michael Barber）は、彼が首相直属の政策伝達・達成ユニット（Delivery Unit）を率いた際に開発した教育改革の進め方を、「伝達・達成学（deliverology）」という造語を使って説明した（Barber & Jones, 2011）。伝達・達成学とは、「制度の指導者が進歩を駆動し、成果を伝達・達成する（deliver）ための体系的な手順」のこと、より具体的にいえば、中央政府の決めた教育改革の政策を、〈教育省↓地方教育機関↓学区↓学校（校長↓教師）↓生徒・親〉と数珠つなぎにしながら、効果的に伝達・達成していくための方法論のことである。この数珠つなぎの関係を、バーバーは「伝達・達成の鎖（delivery chain）」と表現する。つまり、政策決定のトップから現場にいたるまでの各層が、批判や反対意見に惑わされることなく、鎖のように固く結びつきながら、教育改革を推進していくべきだというのである。さらにバーバーは、伝達・達成の「道筋（trajectories）」を計画どおりに歩んでいるかを定期的に評価しつつ、「後戻りしない伝達・達成の文化」を築いていくこと、そうして着実に当初の改革目標を実現していくべきことを、彼がコンサルタントとして改革に携わった数々の具体例（パキスタン、シンガポール、ルイジアナ州など）を引きながら説いた。

ＯＥＣＤは必ずしも一枚岩の組織ではない。実際、ＧＥＲＭに批判的なサールベルグ自身も、先ほどあげた報告書の専門家グループの一員であり、Ｊａｐａｎセミナーのパネリストの一人であった。だが、いずれにせよ、ＰＩＳＡが、政策評価のための指標の開発とデータの提供という域をこえ、教育改革のための政策立案・実施を直接方向づけるものとして使われていることは確かである。そして、日本は、その最も忠実で熱心な実践者の一つとみなされている（ＯＥＣＤ、二〇一一）。

三　日本の教育へのPISAの影響

では、PISAは日本の教育にどんな影響を及ぼしてきたのだろうか。表２-１は、PISA以降の日本の教育政策の展開をまとめたものである。一言でいえば、PISAの影響は、「政策転換への直接的影響」と「構造変化への間接的影響」に分けて考えることができる（松下、二〇一〇b、二〇一二）。

１　PISAが果たした役割（その一）――政策転換への直接的影響

（1）世紀末学力論争

過去四回のPISA調査のうち政策転換に最も直接的な影響を与えたのは、PISA２００３である。当時、日本では、一九九八・九九年の学習指導要領改訂により、一九七七年学習指導要領以来の「ゆとり教育」路線が決定的となり、それを機に学力論争が展開されていた。表２-２は、この論争の構図を図式化したものである。この論争で学力低下論者が指摘していたのは、学力低下（Aの部分）だけでなく、学力（認知面）と学習意欲など（情意面）の両面でみられる水準低下（A、C）と格差拡大（B、D）であった。例えば、苅谷（二〇〇一）は、同じ高校の生徒に対して一九七九年と一九九七年に実施した質問紙調査の結果の比較・分析から、学習意欲が全般的に低下していること、とくに学力下位層において学習意欲の低下とそれを肯定する価値観がみられること、学習意欲の格差が親の社会階層と相関していることを指摘し、こうした情意面の格差を「インセンティブ・ディバイド

表2-1　PISA以降の日本の教育政策の展開

1998・1999	学習指導要領改訂
1999〜2004頃	学力（低下）論争
2001. 12	**PISA2000結果公表**
2002. 1	確かな学力の向上のための2002アピール「学びのすすめ」
2003〜	学力向上アクションプラン
2004. 4	国立大学法人化、大学評価制度の施行
2004. 12	**PISA2003結果公表（日本版「PISAショック」）**
2005. 12	読解力向上プログラム
2007〜	全国学力・学習状況調査
2007. 6	学校教育法改正 -「活用」、「思考力・判断力・表現力」 - 学校評価
2007. 12	**PISA2006結果公表**
2008・2009	学習指導要領改訂
2010〜12	OECD-AHELO（大学生）の試行試験
2010. 6	内閣府「新成長戦略」
2010. 12	**PISA2009結果公表**

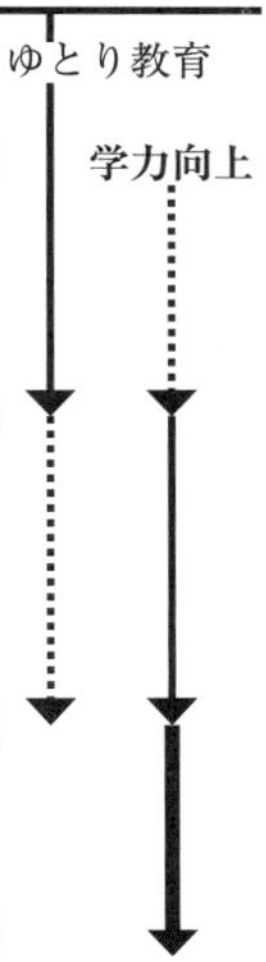

（意欲格差）」と名づけた。

二〇〇四年一二月に公表されたPISA2003の結果は、読解と数学の得点が大きく低下するとともに、中位層が減少して下位層が増加することによって格差が拡大したことを示していた。一方、情意面（学習意欲や関心など）については、読解だけでなく数学でも、参加国の中で最も低いグループに属していることが明らかになった。この結果は、学力低下論者の主張をかなりの部分、裏づけるものだった。かつて、日本の子どもたちの学力は、IEAの第一回・第二回国際数学教育調査（一九六四年、一九八一年）の結果などから、高水準で格差が小さいが、学習意欲や関心は低いとされ、「日本型高学力」と呼ばれていた（須藤、一九九三）。ゆとり教育は、この日本型高学力の問題点に対処するはずのものだった。だが、ゆとり教育では問題点は改善されず、しかも、高水準で格差が小さいというよさまでも失うことになったとされたのである。

表2-2　世紀末学力論争の構図

	水準	格差
学力（認知面）	A	B
学習意欲など（情意面）	C	D

(2) 政策転換への直接的影響

前述のように、政策転換に最も直接的な影響を与えたのは、PISA2003である。だが、ゆとり教育から学力向上への政策転換は、それ以前から着々と準備されていた。二〇〇二年一月に発表された「確かな学力の向上のための二〇〇二アピール『学びのすすめ』」、二〇〇三年から開始された「学力向上アクションプラン」などである。一九九八年改訂の学習指導要領が移行措置期間を経て完全実施されたのは二〇〇二年度だが、そのときにはすでに〝水面下での政策転換〟が始まっていたわけである。

二〇〇四年一二月に、PISA2003の結果を受けて当時の中山文科相が「学力低下」を公式に認めたことで、学力低下論争に事実上の終止符が打たれ、ゆとり教育から学力向上へと正式に舵が切られることになった。二〇〇五年一二月には「PISA・TIMSS対応ワーキンググループ」が文科省内に設置されて「読解力向上プログラム」が打ち出され、さらに、二〇〇七年度からは、PISA型の特徴をもつ「B問題」を含んだ全国学力調査が開始された。そして、二〇〇八・二〇〇九年に学習指導要領が改訂されたことによって、政策転換が完了した。

2 PISAが果たした役割（その二）――構造変化への間接的影響

（1）目標―評価システムの浸透

ＰＩＳＡの与えた政策転換への影響は直接的で目に見えやすい。しかし、ＰＩＳＡの影響はそれだけにとどまらない。二〇〇〇年代に入って、日本では、「ＰＤＣＡサイクル」「説明責任」「質保証」といったフレーズに代表される構造変化が進行している。その構造変化とは、法的整備から日々の教育実践にまで、また、幼稚園・小学校から大学にまで及ぶ「目標―評価システムの浸透」である。

①目標

二〇〇七年に改正された学校教育法では、小学校の教育目標が「生涯にわたり学習する基盤が培われるよう、基礎的な知識及び技能を習得させるとともに、これらを活用して課題を解決するために必要な思考力、判断力、表現力その他の能力をはぐくみ、主体的に学習に取り組む態度を養うことに、特に意を用いなければならない」（第三〇条2、傍線は筆者）と規定された（中学校、高等学校にも準用）。また、新しい学習指導要領でも、総則の「教育課程編成の一般方針」にほぼこれと同じ文言が盛られるとともに、留意事項として、そうした能力を各教科ではぐくむための「言語活動の充実」が掲げられている。

学校教育の最上位の目標が、「（知識・技能の）活用」「思考力・判断力・表現力」といったＰＩＳＡリテラシーを読みかえた能力によって新たに規定されたことに注目しよう。

②評価

評価についてはどうだろうか。先陣を切って学校評価制度を導入したのは大学である。大学では、一九九一年の大学設置基準改正で自己点検・評価が努力義務化されたのを皮切りに、評価制度が整備され、二〇〇四年度からは認証評価制度、国立大学法人評価制度が実施に移された。

一方、高校以下での学校評価は、二〇〇二年四月から施行された小学校設置基準等で自己評価の実施と結果の公表が努力義務化されたのに続いて、改正学校教育法において「小学校は、文部科学大臣の定めるところにより当該小学校の教育活動その他の学校運営の状況について評価を行い、その結果に基づき学校運営の改善を図るため必要な措置を講ずることにより、その教育水準の向上に努めなければならない」（第四二条）、「小学校は、当該小学校に関する保護者及び地域住民その他の関係者の理解を深めるとともに、これらの者との連携及び協力の推進に資するため、当該小学校の教育活動その他の学校運営の状況に関する情報を積極的に提供するものとする」（第四三条、ともに傍線は筆者）と規定された（幼稚園、中学校、高等学校についても準用）。

このように、学校評価は、改善と情報提供（説明責任）と質保証（向上）を目的としている。では、こうした学校評価をどう行っていくのか。文科省が二〇〇六年に出した「義務教育諸学校における学校評価ガイドライン」（現在は、小学校～高校、特別支援学校では二〇一〇年版「学校評価ガイドライン」、幼稚園では二〇一一年版「幼稚園における学校評価ガイドライン」が適用されている）では、学校が、教育活動その他の学校運営について継続的に改善していくために、「目標（Plan）―実行（Do）―評価（Check）―改善（Action）というＰＤＣＡサイクル」に基づいて学校評価を実施していくべきことが明記されている。そして、学校評価における「教育課程・学習指導」の評価指標として「学力調査等の結果」が例示されている。

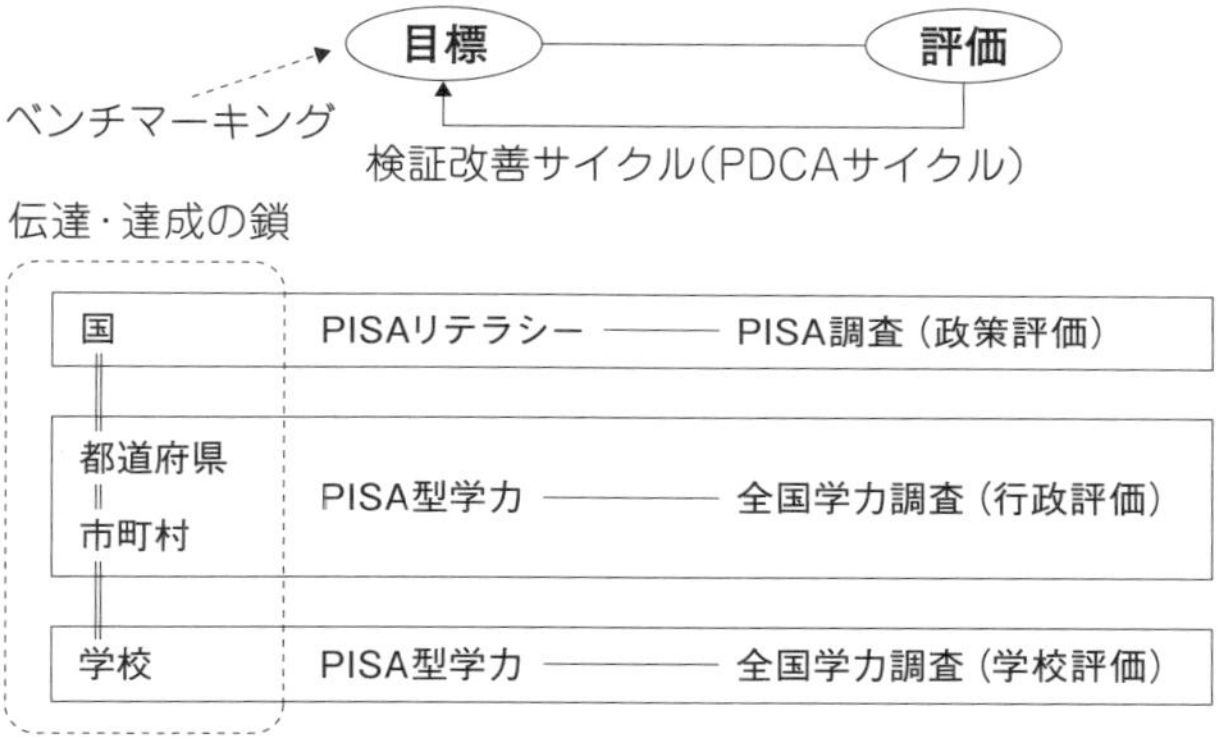

図２-１　PISA 調査と全国学力調査の関係

③ＰＩＳＡ調査と全国学力調査

この学校評価の制度化と相伴って進められたのが、全国学力調査の実施である。全国学力調査は、A問題（知識）とB問題（活用）に分かれ、B問題は、具体的場面での問題設定と記述式の出題形式という点でＰＩＳＡ型の特徴をもっている。「ＰＩＳＡ型『読解力』」「活用」「思考力・判断力・表現力」などの評価が小学校・中学校現場に浸透していく上で、このB問題が大きな働きをしたことは間違いない。二〇一二年度には、従来の国語、算数・数学に理科も加わることになり、分野もＰＩＳＡとほぼ一致することになった。だが、B問題とＰＩＳＡの調査問題の類似性以上に、ここで注目したいのは、全国学力調査とＰＩＳＡ調査の関係である（図２-１参照）。

ＰＩＳＡ調査は抽出調査であるのに対して、全国学力調査は悉皆調査として設計された。全国学力調査に対しては、「児童生徒の学力・学習状況の把握・分析のためなら、抽出調査で十分だ」という批判が繰り返しなされてきたが、そのような批判は的はずれだろう。全国学力調査の目的は、単に、全国的な学力・学習状況の把握・分析だけでなく、地方教育委員会や学校に「教育に関する継続的な検証改善サイクル」（＝PDCAサイクル）を確立することにあるからである。「抽出調査では、市町村別や全学校別の結果を統計上得ることは困難」（文科省、二〇一〇）であるので、悉皆調査によって、地方教育委員会や学校に、自らの教育行政評価や学校評価を行わせるためのデータを与える。これが、一九六〇年代の全国学力テストや、二〇〇一・二〇〇三年度に抽出調査で行われた教育課程実施状況調査にはなかった、全国学力調査の特徴なのである（松下、二〇〇七）。

全国学力調査は教育行政評価、学校評価の中に組み込まれることによって、学校現場への浸透力を強めることになった。二〇一〇年度からは、抽出率約三〇％の抽出調査と希望利用方式との併用になったにもかかわらず、結果的に参加率が七〇％をこえたこと（小学校…七二・八％、中学校…七五・〇％）をみれば、その意図は十分果たされたようにみえる。

ここであらためて、PISA調査と全国学力調査との関係、それによる目標―評価システムの浸透について、図2‐1をもとに整理しておこう。二―2で述べたように、PISA調査には、「評価指標の開発とデータの提供」「教育改革のための政策立案・実施の方向づけ」という機能がある。評価データは、PISAリテラシーという形で提供され、教育改革の方向づけは、三年ごとの経年変化にもとづく検証改善と、すぐれた成績をおさめている国・地域とのベンチマーキングによって行われている。全国学力調査も同じ構造をもっている。評価データは、PISA型学力という形で提供され、教育改革の方向づけは、毎年の結果にもとづく検証改善サイクル（PDCAサイクル）と、すぐれた成績をおさめている都道府県や自治体・学校とのベンチマーキングによって行われる。ベンチマーキングは、ＰＩＳＡ調査の結果を受けての「フィンランド詣で」と同様に、全国学力調査の結果を受けての「秋田詣で」「福井詣で」という現象となって表れている。国（文部科学省）は都道府県の結果しか公表しないが、国─都道府県─市町村─学校に築かれた「伝達・達成の鎖」によって、よりよい評価結果（学力向上）をめぐる競争が市町村・学校レベルでも展開されることになるのである。

（3）構造変化への間接的影響

改正学校教育法や新学習指導要領では、学校教育の目標が、「（知識・技能の）活用」「思考力・判断力・表現力」といった能力によって規定された。他方、幼稚園から大学まで、学校評価が法的に義務づけられ、とりわけ義務教育段階では、学校評価のデータとして、ＰＩＳＡ型の問題を含む全国学力調査の結果が提供されている。このような目標─評価システムの浸透という構造変化において、ＰＩＳＡは、それを導入する根拠を与え、その浸透を促進する役割を担ってきた。大学では、ＰＩＳＡの影響は初等中等教育ほど明確ではないものの、前述のように学士力が目標として掲げられ、評価についても、大学版ＰＩＳＡといわれるＯＥＣＤ─ＡＨＥＬＯ（Assessment of Higher Education Learning Outcomes 高等教育における学習成果の評価）の準備が進められている。

大学評価の制度化が一九九〇年代初めには緒に就いていることからもわかるとおり、目標─評価システムの導入はＰＩＳＡが始まる前から徐々に進められてきた。目標─評価システムの浸透という構造変化はおそらくＰＩＳＡがなくても図られただろう。しかし、ＰＩＳＡは、教育のグローバル化を迫る〝黒船〟として、この構造変化を加速する役割を果たしてきたのである。

一九九〇年代にこのような構造変化が日本でも始まったときには、これによって、教育政策における国家の役割が、「事前規制から事後チェック（事後評価）へ」と変わるといわれた（天野、二〇〇三）。新しい国家の役割は、規制緩和と成果評価による統制を特徴とし、そのような国家のあり方は「評価国家」あるいは「品質保証国家」という言葉で言い表された（大田、二〇一〇）。しかし現在は、「事前規制も事後評価も」に再び変わりつつあるようにみえる。

カリキュラム研究者のマイケル・アップル（Michael Apple）は、市場主義モデルによる規制緩和と中央政府による規制強化という一見相矛盾する二つの動きが両立しうることを、こう説明している。

集権制を排した市場主義モデルとカリキュラム統制・テスト・説明責任の強力な体制を通じた中央集権化とは矛盾しない。実際、市場主義化と「選択の自由」のためには、標準化された手続きに基づく標準化されたデータと標準化された「製品」が必要なのである。そうでなければ、「消費者」は比較することもできないし、市場で選択をするために必要な情報を手に入れることもできないからである。（アップル、二〇〇六、二九頁）

市場主義モデルによる規制緩和と中央政府による規制強化はＧＥＲＭの特徴であり、同様の事態が世界各地で生じている。その中で中核的な機能を果たしているのが、あるタイプの評価である。それは、ＰＩＳＡや全国学力調査のような外部の標準テストであり、それ自体は抽出調査や希望利用方式であっても、「伝達・達成の鎖」を通じてさまざまなテストに姿を変え、学校現場のすみずみにまで影響をおよぼす。そうしたテストは、生徒の評価だけでなく、学校や教師の評価にも使われる。学校は、なぜこんなにも評価まみれなのか。その答えはここにある。

四　別のかたちの模索

では、このような評価まみれの中で、私たちはどんなスタンスで評価に向かえばよいのだろうか。ここで再び、サールベルグの言に耳を傾けよう。一般に、経済成長にとってはＧＥＲＭ的な教育改革が必要だと信じられている。例えば、「ＰＩＳＡの顔」といわれるアンドレア・シュライヒャー（Andreas Schleicher）は、前にあげた『ＰＩＳＡから見る、できる国・頑張る国』の中で、ＰＩＳＡの成績向上がアメリカの経済成長にもたらす便益について、「今後二〇年の間にＰＩＳＡ調査におけるアメリカの平均成績を二五ポイント引き上げるという控えめな目標――二〇〇〇年から二〇〇九年の間でさえ、国によってはこれに相当する成績の向上を見せたところがある――でも、二〇一〇年生まれ世代の生涯にわたる国全体の経済的利益は……四一兆ドルに上るとみられている」（五三頁）と書いている。

これに対し、サールベルグ（Sahlberg, 2010）は、「現在進んでいる教育改革の中で成績を上げるために学校が陰に陽に行っていること［＝ＧＥＲＭ的な教育改革］は、経済競争力を支えるために学校に必要とされていることと矛盾する」（一九頁）と論じる。例えば、ＧＥＲＭ的な教育改革は標準化やアカウンタビリティ（とくに失敗に対する結果責任）や固定した結果（失敗せずに予定どおりの結果を残すこと）を求めるが、経済競争力にとって必要なのは逆に、柔軟性や創造性やリスクテーキングであるという。学力の国際比較と各国内部でのハイステイクスな外部テストは、両者の間の矛盾を増幅させている。経済競争力はむしろ、生徒の中に失敗に対して恐れることのない学びを育んだり、教師が専門職として育つ環境を学校の中に創り出したりすることによってもたらされるのだというのが、サールベルグの主張である。実際、彼も関わってきた一九九〇年代以降のフィンランドの教育政策は、①教授・学習を標準化するのではなく、学校単位のカリキュラムの中でカスタマイズする、②中心教科だけでなく、幅広い領域で創造的な学習を促す、③規定のカリキュラムや計画に縛られるのではなく、教師たちが新しい方法を試みるのを奨励する、④企業社会から改革モデルを引っ張ってくるのではなく、過去のすぐれた教育実践から学ぶ、⑤テストによってアカウンタビリティとコントロールを行うのではなく、教師間に責任と信頼の文化を構築する、といった点で、ＧＥＲＭとは一線を画している。

経済成長だけが教育の目的ではないことははっきりしているが、仮に経済競争力を高めることをめざすにしても、ＧＥＲＭ的な教育改革は大いに疑問のある方法であり、その正統性は揺らいでいる。「伝達・達成の鎖」を断ち切るには、それを知っておくことがまず重要である。

本書の第八章では、受験体制の中で主体的で真正な学びをつくろうとする教師（荻原）が、いかに制度的な要求を意図的にズラし新たな意味を生み出していったかが、「ジレンマのやり繰り」あるいは「流用」といった言葉で語られている。ＧＥＲＭの下での評価に対するスタンスも部分的にはこれと重なる。フィンランドの教育には内部からの批判もあるとはいえ（ハッカライネン、二〇一〇）、サールベルグの議論は何をどうズラしたらよいかを探るための手がかりを提供してくれる。一方で、評価それ自体についても、外部の標準テストやそれに類するテストとは異なるオルターナティヴな評価についての試みが、多様なかたちで展開されているということも付け加えておこう（本書第一章、および松下、二〇一〇a参照）。

ＧＥＲＭは世界各地に広がっているが、ＧＥＲＭの下での評価に対抗し、評価を自分たちの手の中に取り戻そうとする営みもまた確かに脈打っているのである。

注

（1）サールベルグは、世界銀行、欧州評議会などを経て、現在、フィンランド教育省の関連機関である国際流動・協力センター（Centre for International Mobility and Cooperation: CIMO）の長をつとめる。バーバーと同じく、教師経験をもち、世界各国で教育改革・学校改革のコンサルティングを行ってきた。

（2）教育のグローバル化については、やや専門的になるが、ローダーほか（二〇一二）が詳しい。また、グローバル化の中での教育改革や学力論議の現状を描いたものとして、大桃ほか（二〇〇七）、佐藤ほか（二〇〇九）がある。

（3）バーバーは、現在、世界最大の教育・メディア企業ピアソンの主幹教育アドバイザーであり、かつてはマッキンゼーのグローバル教育実践部門長であった。教育改革の方法論において、公教育と民間企業の壁がなくなっていることがわかる。大田（二〇一〇）によれば、ブレアの労働党政権は「野党の段階からマイケル・バーバーを中心に教育政策を立案」してきていたが、そのバーバーは、「イギリス社会全体の基礎学力の向上を主要目的とし、親と教師、それぞれがきちんと自分達の責任と義務を果たすような体制を考えて」おり、「保守党政権の構築したナショナルカリキュラムとナショナルテストなどを中心とする『品質保証国家』体制と教育政策を積極的に評価」していた（一三六頁）。

文献

天野郁夫（二〇〇三）『日本の高等教育システム――変革と創造』東京大学出版会

アップル、M・W（二〇〇六）「市場と測定――教育における監査文化・商品化・階級戦略」（山本雄二訳）『教育社会学研究第七八集』二五―四四頁

Barber, M., Moffit, A., & Kihn, P. (2010) *Deliverology 101: A field guide for educational leaders*. Thousand Oaks, CA: Corwin Press.

Barber, M., & Jones, R. P. (2011) Designing and implementing effective reform trajectories and overcoming challenges of policy implementation. 2011 OECD-Japan Seminar, 28-29 June 2011.

ハッカライネン、P（二〇一〇）「フィンランドの教育制度における教師の能力形成への挑戦」松下佳代編著『〈新しい能力〉は教育を変えるか――学力・リテラシー・コンピテンシー』ミネルヴァ書房

苅谷剛彦（二〇〇一）『階層化日本と教育危機――不平等再生産から意欲格差社会へ』有信堂

国立教育政策研究所編（二〇一〇）『生きるための知識と技能４』明石書店

ローダー、H／ブラウン、B／ディラボー、J／ハルゼー、A・H（二〇一二）『グローバル化・社会変動と教育――市場と労働の教育社会学』（広田照幸・吉田文・本田由紀編訳）東京大学出版会

松下佳代（二〇〇七）「教育評価としての問題点――学力調査に関わってきた立場から」『教育』七三九号、四一―四八頁

松下佳代（二〇一〇ａ）「学びの評価」佐伯胖監修・渡部信一編『「学び」の認知科学事典』大修館書店、四四二―四五八頁

松下佳代（二〇一〇ｂ）「ＰＩＳＡで教育の何が変わったか――日本の場合」『教育テスト研究センターＣＲＥＴシンポジウム報告書』(http://www.cret.or.jp/j/report/index.html# symposium)

松下佳代（二〇一一）「ＰＩＳＡの能力観・評価観と日本的受容の過程」『教育』七八五号、四―一二頁

三好皓一編（二〇〇八）『評価論を学ぶ人のために』世界思想社
文部科学省（二〇一一）「平成二三年度以降の全国的な学力調査の在り方に関する検討のまとめ」
OECD (2010) *Strong performers and successful reformers in education: Lessons from PISA for the United States.*　OECD（二〇一一）『PISAから見る、できる国・頑張る国――トップを目指す教育』（渡辺良監訳）明石書店
大桃敏行・上杉孝實・井ノ口淳三・植田健男編（二〇〇七）『教育改革の国際比較』ミネルヴァ書房
大田直子（二〇一〇）『現代イギリス「品質保証国家」の教育改革』世織書房
Sahlberg, P. (2010) Global educational reform movement and national educational change. Paper presented at the 2010 EUNEC Conference in Brussels, 2nd December 2010.
Sahlberg, P. (2011) *Finnish lessons: What can the world learn from educational change in Finland?* New York: Teachers College Press.
佐藤学・澤野由紀子・北村友人編著（二〇〇九）『揺れる世界の学力マップ』明石書店
須藤敏昭（一九九三）「「日本型高学力」をどうみるか」教育科学研究会『現代社会と教育』編集委員会編『現代社会と教育4　知と学び』大月書店、三三―六四頁

第三章　まじめな教師の罪と罰
——教師が教師であるために必要なこと

松下　良平

一　はじめに——学校と塾の違いがわからない

二十年以上大学で教員養成に携わっているが、近年しばしば学生たちから奇妙なことを尋ねられるようになった。学校と塾はどこが違うのですか？——これがその問いである。「学校は公教育の機関であるが、学習塾や進学塾は私的な教育の場であり、両者はまったく違う」というこれまでの常識がどうも通用しないようなのだ。そこで今度は私が学生に尋ねてみる。「子どもたちはどうして学校に行かなければならないの？」案の定、小首をかしげたまま答えが返ってこない。塾に行くかどうかは本人や親（保護者）の自由な選択に任されているのであれば、塾と学校が違わない以上、行きたくなければ学校に行かなくてもよい、ということになってしまうのだ。塾の方が教え方が上手であれば、学校には行く必要はまったくない、とさえいえてしまう。

もっとも、少し考える余裕を与えると、ちょっと安心したような表情を浮かべて学生たちは口を開いてくれる。「学校に行くのは人間関係を学ぶためです」と。だが、そういったはなから、どこか戸惑いが隠せない。特別活動や道徳教育という塾が扱っていない領域を単に事実として指摘しただけだからかもしれないし、人間関係を学ぶために小中学校や高校に自分は通ってきたと考えたら、まったく釈然としない思いを抱いたからかもしれない（実際の学校では詰めこみ型の勉強が中心であり、人間関係について深く学んだという実感がないどころか、いじめもけっこうあった）。あるいは、人間関係を学ぶために子どもたちは学校に行く必要があるのなら、どんな教師をめざして大学で何を勉強すればいいのか、さっぱりわからなくなったのかもしれない。

誤解をしてほしくないのだが、最近の学生たちは思慮が浅くなったとか、当たり前のことがわかっていない、などといいたいわけではない。学校の教師も塾から学べといわれたり、学校の補習授業に塾の講師が雇われたりする時代である。公（公共の組織）と私（私企業）のボーダーレス化が唱えられ、学校と塾の違いが見えなくなっている時代に、学校教員としての存在意義やアイデンティティをどこに見いだせばよいのか、教員志望の学生たちが混乱に陥っている状況を指摘したにすぎない。

めざす教師の像がうまく結べないところでは、一つののっぺりした教師の姿が立ちあらわれてくる。自分に課せられた任務をきっちりとこなし、自分に期待される役割をしっかり果たす「まじめな教師」がそれである。「あなたにとってどんな教師が理想か」と学生たちに聞くと、時にこれまた驚くべき答えが返ってくる。「頭脳明晰、品行方正、心身健康、だれからも好かれ・信頼される」等々、完全無欠の、どこにもいそうにない人間を理想の教師と答えるのである。だが、このパーフェクトにして無内容な答えは、「まじめな教師」のまじめさの裏側にひそむ無責任さの反映だともいえる。

今日なぜこのような「まじめな教師」が増えつつあるのか。そして「まじめな教師」は学校教育にどのような危機をもたらすのか。以下ではこの問題について考えてみたい。

二　公教育のオモテとウラ

1　国家に貢献する教育

公教育の機関としての学校と、私的な利害＝関心のために通う学習塾や進学塾は、多くの点で異なっている。教科書風の〝公式見解〟をいえば、学校には公共的役割や使命がある。「教育は、人格の完成を目指し、平和で民主的な国家及び社会の形成者として必要な資質を備えた心身ともに健康な国民の育成を期して行われなければならない」といった現行教育基本法の「教育目的」（第一条）に、学校教育は従わなければならない。同法によれば「学校教育」は、「公共の精神に基づき、主体的に社会の形成に参画し、その発展に寄与する態度を養うこと」とか「幅広い知識と教養を身に付け、真理を求める態度を養い、豊かな情操と道徳心を培うとともに、健やかな身体を養うこと」といった「教育の目標」の達成をめざさなければならない。だが塾については、教育基本法は何も語らない。

そもそも学校教育は子どもたちの健やかな発達や成長を願って設けられたわけではない。明治初年に学校教育制度が導入されたとき、学校に期待されたのは、近代国家「日本」を建設する担い手をつくりだす役割であった。それぞれの地域に根ざして生活しているために互いに同胞（同じ国民）という意識のなかった人びと（たとえば鹿児島の人と青森の人）に、共通の言語（国語）や共通の国家の歴史（国史）などを教えて、「日本人」としての自覚を植えつけること。植民地獲得をめざして国家間でしのぎを削る時代にあって、欧米列強に伍す強大な軍事力や経済力をもった国家＝工業化社会をつくるために、高度な科学的知識や西洋の教養を国民に教えこむこと。近代国家の兵士や工場労働者にふさわしい体力やマッチョな精神（男子）、および家庭でその再生産に奉仕する「良妻賢母」の精神（女子）を養い、国家に身も心も捧げる「忠君愛国」の道徳を身につけさせること。大まかにいえば、これが学校教育制度が導入された目的である。今日の感覚からすれば信じがたいかもしれないが、開明派の急先鋒ともいうべき初代文部大臣・森有礼（大久保、一九七二、六六三頁）は次のようなことばを残している。「諸学校ヲ通シ学制上ニ於テハ生徒其人ノ為メニスル非スシテ、国家ノ為メニスルコトヲ始終記臆〔ママ〕セサル可ラス」（「文部省において直轄学校長に対する演説」明治二二年一月二八日）。

このような事情は戦後になっても大筋では変わっていない。平和国家になってもっぱら経済力の増強に心血を注ぎ、「忠君愛国」から「忠君」を取り除き、次第に女子も労働者（経済成長に貢献できる人材）として位置づけられるようになったという違いはたしかにある。けれども、その時々の国家の要請に応じた「日本人」（今日であれば「グローバルに活躍する日本人」「国際貢献する日本人」等）を育成するという点では、基本的には同じである。戦前・戦後を通じて公教育機関としての学校は、基本的には国家＝公《おおやけ》に貢献する人材養成の役割を担ってきたのである。

2　子どもや親に自己利益をもたらす教育

もっとも、これは事の半面にすぎない。実際には、学校はそのような役割だけを果たしてきたわけではない。そもそも国家に貢献する学校教育というのは、当時の人びとにはまったくなじみのない外来のシステム＝異物である。それを受けてもらうためには、親や子どもたちに教育を受けるメリットを与える必要がある。実際にも導入当初の学校教育制度は、西洋由来で得体が知れない上に、働き手である子どもが学校にとられ、授業料まで徴収されるとあって、国民から猛反発を受けた。これまた今では信じがたいことだが、地方によっては数万人規模が参加する暴動＝「学校破壊事件」(学校焼き討ち事件)も起こっている(森、一九九三、第五章)。

しかし、江戸期以来の手習塾(寺子屋)という下地があったところに、「立身出世」というメリットが見えるようになると、地域の人びとはしばしば多大な犠牲をもいとわず学校を建設・整備するようになる。そこで刻苦勉励して勉学に励み、後に立身出世した(たとえば官吏等になった)子どもたちは、故郷の発展にも貢献してくれると期待されたのである。

このシステムの骨格は今日でも健在である。親の多くは、将来の自己利益(職種・収入・地位・結婚・名誉など)を期待して子どもを学校に通わせ、上級学校に進学させようとしているからであり、さらには地方自治体もまた、地方にとってメリットがあるとされる特定の学校(東大や医学部など)への進学を支援することがあるからだ。そのとき学校は、典型的には受験勉強がそうであるが、子どもの将来の利益につながるような勉強をする場にほかならない。このような学校のとらえ方は、当初は一部の親・子どもにかぎられていたが、高校への進学率が急上昇した戦後の高度経済成長期以降は全国各地のあらゆる社会階層に広がっていった。

このように学校教育は、教育を提供する側＝国家に貢献する側面だけでなく、教育を受ける側＝子どもや親の自己利益に貢献する側面ももっている。もちろん、学校が公教育の機関であるかぎり、後者の側からながめた学校教育にも一定の公共性は期待されている。立身出世をめぐる競争にだれもが参加できることや、「人材選抜」（そのための試験や評価）が公平かつ客観的になされることなどである。とはいえ、教育を受ける者の自己利益に貢献する側面からのみ学校をみた場合、学校と学習塾・進学塾のあいだに本質的な違いはない。学校と塾はオモテから（国家の側から）ながめるとまったく異なっているのだが、ウラから（子どもや親の側から）ながめると非常に似通っているのである。

三　誠実な教師は思い悩む

1　オモテとウラを使い分ける教師

国家に貢献する側面と、子どもや親の自己利益に貢献する側面。この相異なる二つの側面を学校教育がもっているとき、学校の教師はどのようなスタンスをとればよいのだろうか。

最も手軽なのは、いずれかの側面を重視する立場に開き直ることである。一つは、自らを国家権力の代弁者とみなし、子どもたちに対して毅然たる態度もしくは人に耳を貸さぬ態度で「オレ（ワタシ）の言うことを黙って聞け！」という姿勢を貫くことである。もちろんそこでは、国家の代弁者にすぎない教師自身もまた、教育行政官や校長から同様の態度で接せられることになるのだが。もう一つは、子どもや親の利益になるよう、勉強、特に受験勉強を効率よく・わかりやすく指導する仕事に徹することである。いうまでもなく、このとき学校の教師と塾の講師に仕事の中身で大きな違いはない。せいぜい学校の教師の方が教える教科の幅が広いというくらいである。

実際のところは、戦前は前者の立場を志向するものが多く、戦後は次第に後者を志向する教師が増えていった。なるほど、高度経済成長期以降の学校を取り巻く状況の構造的な変化の中で、戦前型の教師に注目が集まったことはある。高校や大学への進学率が上昇して学校で勉学に励んでも立身出世に必ずしも結びつかなくなったことや、消費社会化に伴って教育のサービス商品化が進むようになったことなどを反映して学校・教師の権威が弱まり、学校秩序を維持するのが困難になったとき（校内暴力・学級崩壊など）、「黙って言うことを聞け！」といいきれる教師へのあこがれが語られることはあった（「プロ教師の会」など）。しかしそれも所詮は時代の徒花《あだばな》。学校が子どもの将来の利益につながる勉強の場としての色合いを強めていく中で、学校の教師はますます塾の講師と似たような仕事をするようになっていった。その結果、近年ではある種の逆転現象さえ生じ、すでに塾で学習したことを、教師が学校で改めて子どもたちに教えなければならない事態も頻繁に起きている。

もっとも、この二つの立場のいずれかに徹する教師はいてもごく少数であり、かつても今もほとんどの教師は両方の立場を適宜使い分けるという戦略をとってきた。たとえば、小テストで合格するまでじっくり勉強につきあってくれる一方で、宿題をしてこなかった子どもには教師の権力を振りかざして「そこに立ってなさい！」と命じるように。そしておそらくこの不可解な二面性が、（塾の講師と異なり）学校の教師が子どもたちから煙たがられる一つの背景になっていよう（第九章も参照）。

けれども、この二つの立場を状況に応じて使い分けるだけが教師の姿ではない。この二つの立場に引き裂かれたとき、自分たち自身で打開策を模索したのも、教師のもう一つの姿であった。

教師はまず、国家の立場に従うと子どもや親のためにならないとき、苦悩した。その典型は、国家権力を代理する権力を用いて子どもたちを戦場に送ったときである。子どもたちを時に戦死に追いやった戦前の教師たちの痛恨の思いは、戦後に日教組（日本教職員組合）が掲げた「教え子を再び戦場に送るな」というスローガンに集約されている。さらに、国家の政策に従うだけでは子どもや親の要求に十分に応えられないときにも教師は悩んだ。たとえば、学校の成績がよく、かつ家に一定の資産がある子どもだけが上級学校に進学できた戦前や高度経済成長期以前とは異なり、子どもたちの大半が高校に進学する時代になって、「落ちこぼれ」が問題になったときである。子どもたちの学力保障をどうすればできるのか、「荒れ」や非行をどうすれば防げるのか、教師は悩み、対策を模索した。

2　誠実な教師

教師の悩みはさらに本質的な問題にも及ぶ。いつの時代にも少なからぬ教師は、この二つの極が生みだす強い磁場で引き裂かれそうになりながら、そのいずれにも属さないところでも迷い、悩み、そして打開案を探し求めてきた。そもそも近代学校が登場するはるか以前から「先生」の任にあった人たち、すなわち「師」「師匠」「親方」などと呼ばれてきた人たちは、近代学校の教師とは異なり、国家の立場と子ども・親の立場のあいだで右往左往することはなかった。代々受け継がれてきた文化（技や知識）を若い世代や新参者に伝え、その文化の継承者や仕事人（それで食べていける者）として一人前にすること、これが「先生」の任務だからである。その「先生」は、子どもに個々の文化内容を教えておしまいではなく、一人前になるように子どもを育てなければならない。そしてまた、伝承する当の文化に敬意を払い、その文化を継承・発展させていくための姿勢や構えを、つまりその文化を取り巻く人びと・事物・出来事に対する適切なかかわり方を身につけさせなければならない。

この古典的な「先生」が弟子に抱く思いは、近代以前から今日まで脈々と引き継がれてきている親の子に対する素朴な思いとも、深いところでつながっている。親が最終的に子どもに願うことは、何よりも一人前に育っていくことであり、自分の仕事や生活に誇りをもち、周囲の人びとや社会とうまくやっていける（＝適切な関係を結ぶ）ことだからである。

近代学校の先生の役割は、伝統的な「先生」の役割とはたしかに同じではない。しかし同じ先生として、伝統的な「先生」や親の思い・あり方をいささかでも引き継ぐとき、学校の教師は、国家の利害や児童・生徒の学業成績以上のことを、さまざまな角度から考慮せざるをえなくなる。たとえば、「勉強は苦手だが周囲からの信望は厚い」「悪戯好きのやんちゃ坊主だが度胸があり活力がみなぎっている」「飲みこみがわるく仕事は遅いけど丁寧に根気強くやり遂げる」等々の多義的な子どもの見方に立って、個々の子どもに応じた指導をすることである。集団の中では親の目に映るものとは異なる子どもの姿も見えてくる。学校の教師は、それをしっかりと見据え、子どもの人間としてのありようや将来の姿を念頭に置きながら、複眼のまなざしで臨機応変に指導をしていくということだ。

あらゆる子どもに向けられたわけではなかっただろうし、程度や質にもかなりの個人差があったであろう。だが、これまで少なからぬ学校の教師が心がけてきたのは、このような指導であったといってよい。そのような教師はまず何よりも、子どもの人としての成長や、将来出ていく社会の中で彼／彼女らが人生の主人公としてうまくやっていけることを考慮した。そしてそのなかで適宜妥協しながら――つまり「ジレンマのやり繰り」（第八章）を通して――国家の規定や規準に従い、（受験）勉強を教え、国家や企業が求める人材についても考慮したということである。そのような教師を、ここでは誠実な教師と呼ぶことにしたい。

そしてそのような試行錯誤の試みを、先輩教師らをモデルにしつつ（第六章参照）、時には手痛い失敗もしながら――それゆえ停滞や後退を余儀なくされながら――積み重ねていくことによって、教師自身もまた一人前になり、さらには熟達者になっていった。そこから得られた実践的知識を反省的に吟味して独創的な教える技を編みだし、独自の哲学（教えや学びの哲学、人間や生き方の哲学）を築きあげていった教師が、だれにもまねできないような名人芸を発揮することもあった。そのため、教師の成長は、このような熟達者や名人になっていくプロセスとして描かれることが多かったのである。

3　誠実な教師を支える教育学

教育学もまた同様の苦悩や葛藤の中に置かれてきたし、今でも置かれている。国家の教育政策を正当化したり、その解説や流布に努めたりするだけの教育学は今だに健在だし、所定の教科内容をわかりやすく・楽しく教える方法を開発し伝授しようとするだけの教育学もまた多い。しかし他方で、誠実で良心的な教師を理論的・実践的に支えようとする教育学もまたけっして少なくない。たとえば、すでに塾で学んだのと同じことを学校で子どもたちに教えなければならないとき、誠実な教師なら、その子どもたちのために学校は何ができるか、自分はどうすればよいか、思い悩む。そのとき当の教育学なら、「文化を伝える・学ぶとはどういうことか」「子どもの成長とは何か」「社会にとって本当に必要な能力は何か」といった観点から教育の内容や方法を吟味し、もっぱらテストの点数アップをめざす塾とは違う教育・授業を構想しようとする。

そのような教育学に従えば、公教育機関としての学校の教師は、国家の代弁者でもなければ、子どもや親の自己利益を増進して満足を与えるサービス提供者でもない。一人の人間としての子どもと、国家に尽きない社会の両方を見据えながら、子どもと社会の双方にとって善きものをもたらそうとする倫理的な使命や役割をもった知識人のことである。その知識人は、特別すぐれた知的能力の持ち主でなくてもかまわない。そもそもその知識人を、国家や親・子どもたちの考えに耳を傾ける必要のない（何でもわかっている）特権者としてみなしてはならない。そのような勘違いを誘発し助長しないのであれば、教師を「真理の代弁者」（宗像誠也）とか「公共的知識人」（ヘンリー・ジルー［Henry Giroux］）などとみなす考え方には改めて評価すべき点が含まれているといえよう。少なくとも教育活動の一定の自由や自律は、教育に本質的に不可欠なものとして教師に与えられなければならない。

二つの立場の彼方を探究する教育学は、こうして公教育としての学校教育の公共性も問いなおす。私事と対置される国家や、人材選抜の公開性・公平性に公共性を見いだすのではない。国民や地域住民が出資・運営する学校は、通ってくる子どもたちおよび社会全体を含む公共世界をよりよきものにするために存在すると考える。たとえばかつてジョン・デューイ（John Dewey）は、めざすべき学校の基本理念についてこう述べた。「最もすぐれたかつ最も賢明な親が、わが子に願うところのものこそ、コミュニティがその子どもたちすべてに期待しなければならないものである」（デューイ、一九九八、六二頁）と。

「最もすぐれたかつ最も賢明な親が、わが子に願うところのもの」（先にあげた教育基本法の第一条もその候補になりうる）は、すでに示唆したように、単に出世したり、いい学校や会社に入ったり、高い収入を得たりすること以上のものである。子どものためを考えても、国家や社会の観点から考えても、それよりはるかに多様で複雑な価値を含んでいる。そのような問題について考えていくのが学校の教師だとすれば、教師はもはや、成績アップをめざすだけの学習塾や進学塾の講師とはまったく異なる存在だといわなければならない。

日本の学校教育の構造は、国民国家の建設が差し迫った課題であった明治期以来今日に至るまで、基本的に変わっていない。時に大きな軋みを立てるオモテとウラの車輪をなんとか同期させることによって、これまで学校教育は駆動してきたのである。だが考えてみれば、これは奇妙な事態である。昨今はグローバル化が急速に進んで、国民国家の枠組みが大きくゆらぎ、実際にも学校には日本国民でない人も少なからず通うようになっている。今日は、明治以来の旧い伝統を見なおし、「最もすぐれたかつ最も賢明な親が、わが子に願うところのもの」をすべての子どもに実現しようとすることを前面に掲げて、公教育機関としての学校を位置づけなおす好機なのだ。学校をそのような場として再定義できれば、学校教育のオモテとウラのはざまや彼方で迷い悩む教師は、誠実であると同時に省察的でもある実践家として公式に正当性を付与されることになろう。大胆な改革が必要というわけではない。タテマエにされがちな現行教育基本法・第一条をホンネとするだけでもできることなのだ。

ところが、現実の学校教育の世界では、それとはまったく反対の動きが進行しつつある。そこではいったい何が起こっているのか。どうしてそんなことになったのだろうか。

四　なぜまじめな教師が求められるのか

1　少ないコストでわかりやすく成果をあげる

学校教育制度が導入されたのが国民国家の黎明期だったとすれば、今日の国民国家は最盛期を過ぎて大きな転換期に入っている。カネ・モノ・情報・人が二四時間通して大量に国境を越えていくために、国家間の連携が必要になり、一国だけでは決められないことが増えてきている。国民国家という枠組みは依然として重要であるとしても、一国のみで通用する歴史・道徳・言語・労働力は、むしろ個人と国家の双方にとってリスク要因になりかねない。それが今ほど示した時代認識であった。

しかし、今日の教育政策の主流は、国家の別の現実を前提にしている。一言でいえば、(経済の低成長、財政出動、少子高齢化などによる)国家・地方財政の逼迫を背景とした行財政改革と、経済のグローバル化や産業構造の転換の中で生じる国民の雇用不安である。学校教育にかけるコストを減らしながら、知識基盤型産業や情報消費産業にふさわしい能力、グローバル競争を生き残っていくのに必要な能力を子どもたちに身につけさせること、これが教育政策の主たる課題となったのである。

「なるべくラクして金を稼ぐにはどうしたらよいか」にも似た、何とも都合のいい問題設定だが、〝妙案〟を考えだした人たちがいた。「だれにも理解可能・判定可能な指標（評価規準）を設定した上で、それを満たす教育成果を出しさえすれば、教育するのは、従来の学校だけでなく、民間組織や私企業でもかまわない。しかも互いに競争をさせれば、さらに少ないコストでより質の高い教育成果が得られるはずだ」と考えたのである。具体策としては、学校の補習授業への学習塾の活用、教職経験のない民間人校長の採用、学校の株式会社化、といったものがよく知られている。もちろん、この発想は既存の学校・教師にも向けられた。「だれにも理解可能・判定可能な指標に従い、求められた成果を所定の期間で確実に出すように教育をおこなえ。そしてより高い教育成果をめざして学校間・教師間で互いに競争せよ」という指令として。こうして、（週案等を含む）年間指導計画、学校選択制、教員人事評価制度、教員民間派遣研修制度などが導入された。

このような案は、財政破綻を危惧し雇用不安を抱える国民には頼りの綱として受けとめられた。知識基盤型社会では高度な教育を受けなければ仕事に就けない可能性が高まる。しかも、国家財政の逼迫や少子高齢化により福祉政策は後退する一方であり、仕事がなかったら生きていけないかもしれない。だとすれば、すべての子どもたちに一定の学力や就業能力《エンプロイヤビリティ》や「生きる力」がつくよう、学校・教師はなんとか力を尽くしてほしい。子を持つ親から国家の行く末を案じる者まで、こう考える人は少なくなかった。しかもこの考えは、学校教育は子どもや親のニーズを満たし自己利益に貢献すべきであるとする、高度経済成長期以降に大きく広がった考えともうまく接合した。

一方、国家や地方自治体や企業にしてもこの案は好都合であった。グローバル競争の中で勝ち残っていくためには、フロンティアを開拓できる質の高い労働力を確保しておく必要がある。そのとき、それにふさわしい教育成果が得られているかどうかを判断し、教育政策を他の諸国家の政策と比較するために、PISA（生徒の学習到達度調査）のような指標は便利である。こうして、（PISAもどきの）読解・数学・科学のリテラシー（言語・シンボルの活用能力）についての全国学力調査などの成績を指標とし、それに従ってより高い成果を出すための教育が学校に求められるようになる（第二章も参照）。これもまた、国家の利益に貢献する学校教育という従来の考え方の延長上にあった。

このようにして近年では、公教育のオモテとウラが（従来くいちがっていた部分が調整されたり無視されたりして）重なるようになり、多くの国民と国家・地方自治体・企業が一丸となって同様の期待や要求を学校や教師に向けるようになった。そこでは教師が異議を唱えようものなら、すぐさま非難の声が飛ぶ。自らが不安的な雇用状態にある者や労働者の質に関心のある経営者などは、「既得権益層なのになぜ文句をいうのだ。自分たちの権利ばかり守ろうとする日教組をぶっつぶせ！」などと叫ぶときもあった。教師をバッシングする多様な声に包囲されて四面楚歌状態になった教師たちは、こうして異議を申し立てるだけでなく、苦しみの声をあげることすらも困難になっていった。

2　まじめな教師

「だれにも理解可能・判定可能な指標に従い、求められた教育成果を一定期間内に確実に出す」という学校・教師へ向けられた期待や要求は、いつのまにか（説明はなく同意も求められないままに）親や納税者といった利害関係者《ステイクホルダー》との「契約」であるとされるようになった。責任をもって契約は守らねばならないとする「アカウンタビリティ（説明責任）」の考え方が、学校にも浸透するようになったのだ。

こうなると、「教師が試行錯誤しながらよりよき授業を模索する」という従来のやり方は通用しなくなる。「失敗から学ぶ」などという悠長なやり方は認められず、「失敗することなく、一定期間内に必ず〝結果〟や〝目に見える成果〟を出せるやり方を開発して、それに教師を従わせよ」という考え方が幅を利かせるようになる。そのような体制がうまく機能するよう、職階のヒエラルキー（指示命令系統）を明確にし、個人プレーができないよう指導計画を管理職が事前にチェックし、能力の低い教員を排除し、抵抗する教員を処罰できるようにすることが求められるようになる。管理職による組織マネジメントこそが教育の成功の秘訣、といわれるようになっていくのだ。

このような考え方は、教員養成や教員研修にも大きな影響を及ぼす。オン・ザ・ジョブ・トレーニングに費やす費用面・時間面での余裕がないとこぼす昨今の企業と同じ口ぶりで、新採教師にも即戦力や完成品が求められる。また教師の成長とは、職階のステージを上っていく過程でそれぞれの役職にふさわしい能力や資質を身につけていくこと（キャリア形成）として解されるようになる。

こうして、教師は「まじめ」であるよう強く求められるようになった。学校・教師に向けられた期待や要求に応えるべく、「上」から命じられた（自分に課せられた）職務を忠実に遂行し、課題を着実にクリアしようとすること。さらにはそのためのスキル・アップをめざしてたえず自己研鑽に励むこと。これが教師に求められるようになったのだ。だとすれば、まじめな教師は「堅物」や「きまじめ」であるとはかぎらない。授業のノリをよくし、子どもたちから否定的に評価されないようにお笑いネタを駆使する教師は、工夫のない「きまじめな」人以上にまじめだといえよう。

ここで、冒頭でふれた「学校と塾はどこが違うのですか？」という学生の問いに立ちもどってみよう。彼／彼女らがこのような教師観になじんでいるのだったら、そのような問いが出てくるのはまったく自然なことである。まじめな教師は塾の講師とほとんど違うところがないからである。ひょっとしたら、「会議だ書類作成だと忙しそうな学校の教師とは違い、塾の先生は子どもたちのちょっとした相談にものってくれる。だとしたら学校って塾以上のことを何かしているのですか」という反語のニュアンスも含まれていたのかもしれない。

五　まじめな教師のどこが問題なのか

1　教育の貧困、裏切られる期待

国家の利害と子ども・親の自己利益を視野に入れつつも、子どもの成長と社会の全体にとってよりよき教育実践を探し求める誠実な教師と、国家や親・子どもの自己利益追求の要求にもっぱら応えようとするまじめな教師。誠実な教師を省察的実践家として正式に承認する社会的条件が整いつつある一方で、旧来の学校教育観の延長上で――ただしここでは子ども・親と国家の立場が大筋で一致して――まじめな教師が熱心に求められている現実。こうして今日、国家と子ども・親のあいだで対立があった従来とは異なり、二つの教師観のあいだで教師は引き裂かれることになった。学校教育にかぎらず広い意味で教育に従事している人びとの教師観と、それ以外の人びとの教師観との対立だといってもよい（親はおそらく両方にまたがっている）。しかも「まじめさ」を否定すると、処罰されたり処遇面で不利益を被ったりすることもある。いったい教師はどうすればよいのだろうか。

そのさい何よりも考慮しなければならないのは、まじめな教師を要請する教育が抱えるさまざまな致命的欠陥である。その欠陥とは一言でいえば、教育がもっている多様な可能性や豊かさを切り捨ててしまうことであるが（松下、二〇一二）、以下のようにそのごく一端を指摘するだけでも、まじめな教師の問題点がいかに深刻であるか、わかるであろう。

教育の成功が「だれにも理解可能・判定可能な評価規準」によって判断されるとき、評価規準になるのは全国学力調査などの学力テストの点数だけではない。契約の利害関係者一般に「理解可能な」、子どもや教師のめざすべき姿もまたその一つである。だが、その中身はしばしば実に貧弱である（第一章も参照）。たとえば「チャイムで着席している」「提出物を出す」「授業を受ける姿勢がよい」といったことが学習規律の目標になり、「本時のめあてや学んだことが明確になっている」「板書が整理されている」といったことが指導の目標になる。しかもこれらは、だれにも判定可能なようにしばしば数値目標化される。なるほど、これなら短期間で目に見える成果や「結果」が出せるかもしれないし、教育のことを知らない管理職でも教員を〝指導〟できる。また、新米教師でも何について指導すればよいのか悩まずにすむ。さらに授業もリスクを避け効率を重視して、マニュアル化を志向するようになり、学習塾や進学塾のチェーン店さながらに授業のやり方が細部まであらかじめ決められていく。なるほどこれなら、新米教員でも最初から一人前としてやっていける可能性がある。

けれども、このような教育を受けることで子どもたちが、これからの社会に必要な、道なき荒野でフロンティアを大胆に切りひらいていく創造的知性、柔軟なコミュニケーション能力、ダイナミックな人間関係といったものを身につけていくことは到底ありそうにない。むしろ、教育をまじめに受けるほどに、期待していたのとは反対の事態が生じるであろう（松下、二〇〇九）。まじめな教師を要求する教育は、こうして本質的な点で自己矛盾に陥るのである。

2　教育が教育でなくなる

まじめな教師を要求する教育の自己矛盾は、さらに別の角度からも指摘できる。「求められた教育成果を一定期間内に出せ」という要求が強まり、さらには処罰とも結びつくようになると、教師はしばしば偽装に走るようになるからだ。法令違反をするというわけではない。教育が成功していることを証明するために、ウソとも本当ともつかぬ形で、書類をそれらしく「サクブン」したり、数字のつじつま合わせをしたりするのである。もちろん、このような評価体制の下では子どもも同様の偽装に励む。つまりリスクを避け効率よく一定の評価を得ようとして、評価者によって求められているものを、テンプレートなどに従いつつそれらしく仕立て上げ、表現することに意を注ぐようになる。成果の偽装にばかりエネルギーを費やして、教師が教育をおろそかにし、子どもたちが学びから遠ざかるとき、これまた「生きる力」はつくはずがない（首をすくめながら世間を渡り歩いてきた大人たちがこれを「生きる力」と考えているとしたら、時代錯誤も甚だしい）。

まじめな教師を必要とする〝教育〟は、そもそもが教育の抜け殻のようなものでしかない。子どもたちのつぶやきや戸惑いに刻々と応答しながら、たえず指導方法を工夫し、時には着地点を変える、といった繊細な手並みはそこでは求められない。子どもたちの悩みや辛さに寄り添うことも、そこでは必ずしも教師の仕事ではない。教師と子どもたちが応答をくり返しながら共に何かをつくっていくことも、そこでは必要ない。アカウンタビリティという名の利害関係者への結果責任は不可欠だが、子どもたちへのレスポンスビリティ（応答責任）としての倫理的責任はなくてもよいのである。まさに学校・教師の生き残りのために、子どもを置き去りにする〝教育〟だといわざるをえない。

したがって、このような〝教育〟が徹底されるほどに、教育はますます教育でなくなっていく。手っ取り早く結果を出しさえすればよいのであれば、あえて面倒な教育に拠らなくても、人間の行動を一定方向に誘導するような環境＝「アーキテクチャ」を配置すればいいし、アメとムチの使い分けや、薬物の利用や遺伝子操作も効果的でありうるからだ。コストや時間のかかる教育そのものが、やがては「事業仕分け」の対象になるかもしれない。

六　むすび――誠実なプロフェッショナルへ

まじめな教師による教育は失敗するというわけではない。ある意味では逆である。成功を狭く定義するほどに、まじめな教師はめざましく「成功」する可能性さえある。だが教育の成功は、組織の維持・拡張を目的とする企業の「成功」と本質的に異なる。そのような意味での「成功」ばかりに目を向けることによって、他者によるコントロールをはねのける人間の勁《つよ》さや自立心を踏みにじり、教育の複雑で精巧な仕組みを愚弄するという罪を犯し、その結果として人が育たず、社会が硬直し停滞していくところが問題なのである。

教師自身や組織が生き残っていくためだけなら、まじめな教師であるに越したことはない。しかしながら、いやしくも「教師」を名のるのなら、まじめであろうとするだけでは自己欺瞞に陥る。まじめでしかない教師は教師として知的に怠慢であり、倫理的に無責任だからである。だから、もしあなたが教師か教師志望者だとしたら、まじめな教師であることの罪と罰のあいだで深く悩むはずだ。

けれども、罰よりも罪を避けようとするとき、教師は誠実になれる。誠実な教師が批判的省察力を身につけて真のプロフェッショナルになれば、もはやだれもその人を処罰はできまい。ならば、そのような教師になるにはどうすればよいのか。

まじめな教師は単に教える人である。学ぶのは、教える人として期待された成果を出そうとするときにかぎられる。それに対して、誠実な教師はむしろ学ぶ人である。子どもや社会がよりよきものになるとはどういうことか、多様な人びとや文献から学び、考える。そこから築き上げた自らの哲学や理念を、すぐれた教育実践をモデルにしながら、目の前の子どもたちの特性に応じて、独自の教える技法《アート》に結びつけていく。そのうえで、自らの教育実践をたえず批判的に省察し、よりよき教育実践をめざして自らの哲学や理念を問いなおし・練り上げ、教える技法をさらに工夫していく。このような学びをたえず続けていくのが、誠実にしてプロフェッショナルな教師である。多様な他者から切り離されたところでひたすらまじめに努力しても、教師という名に値する教師にはけっしてなれないのである。

文献

大久保利謙編（一九七二）『森有禮全集 第一巻』宣文堂書店
森重雄（一九九三）『モダンのアンスタンス――教育のアルケオロジー』ハーベスト社
デューイ、J（一九九八）市村尚久訳『学校と社会・子どもとカリキュラム』講談社学術文庫
松下良平（二〇〇九）「リキッド・モダンな消費社会における教育の迷走――文化と消費の抗争」『現代思想』第三七巻第四号、一一四―一四二頁
松下良平（二〇一二）「公教育を再定義する――公共的市民の育成をめぐる理念と現実」『現代思想』第四〇巻第五号、一一〇―一二七頁

第Ⅱ部　この世界で教師として学ぶ

第四章　新人教員の苦悩に対して教員養成には何ができるか

杉原　真晃

一　採用一年目の新人教員の苦悩

文部科学省による調査では、採用一年目の新人教員の退職、中でも病気・精神疾患による依願退職の数・率が増加傾向にあることが明らかにされている。(1)このデータは、病気や精神疾患の前兆を感じながらも休職・退職せずにこらえている教員、あるいは、臨時採用の新卒講師が含まれていないため、氷山の一角としてとらえることが重要である。

なぜ、新人教員はこのような状況に追い込まれるのであろうか。諸々の調査からは、新人教員が学校現場で抱える苦悩が、多忙であること、子どもへの指導が難しいこと、保護者との関係づくりが難しいこと、そして、同僚・管理職との関わりがストレスになることなどであることが明らかにされて

いる。(2)

とはいえ、「これらの苦悩は誰もが直面するものであり、辞職するのは本人の問題である」「ストレスのない仕事などないし、多少のストレスは成長の源である」といった意見も考えられるであろう。しかし、「誰もが直面する苦悩だからといって放置して良い状況ということではない」「多少の域を超えた過剰なストレスなのかもしれない」という考えも成り立つ。本章では、このような問題意識から、新人教員の苦悩の深層を明らかにしながら、採用以前の大学教員養成において、一体何ができるのかについて読者の方々とともに考えることを目指している。本章で「新人教員」と表記し対象とするのは、採用後の初任者研修を受ける教員とする。

二　新人教員の苦悩の深層（一）——学校現場

1　学校現場の課題の困難さと組織的支援の欠如

久冨（二〇一〇）は、採用一年目の新採教師が直面する子どもとの関係づくりの難しさについて、自分がそれまで「当たり前」と思っていた「教師・生徒関係」や「子どもの姿」が通用しない現実の子どもたちへの戸惑いが主な要因と指摘している。学校現場が抱える課題は多様・複雑であり、経験少ない新人教員が抱く「当たり前」の価値観やそれをもとにした実践力では太刀打ちできないということは、それこそ当たり前なのかもしれない。

このような状況に対し、新人教員個人だけではなく、職場の組織全体として対応していくことが望まれるところであるが、職場環境も決していいことばかりというわけではない。久冨（二〇一〇）は、職場の管理職・同僚が新人教員の苦しい立場を受け止め、その苦労・努力を認めて支えるどころか、その反対に「あなたが悪いからだ、あなたの責任だ、謝りなさい」と、ここぞとでもいうように責める側に回ることで、新人教員を追いつめる状況があることを指摘している。

そして、全国の小学校・中学校の校長および教員を対象に行われた「第五回学習指導基本調査」（Benesse教育研究開発センター、二〇一一）では、職場や教員間の関係について、「先輩・同僚に気軽に相談する」「職員室の雰囲気がいいと感じる」などが五割前後であること、「管理職に気軽に相談する」「仕事以外でも同僚と付き合う」などが二割前後であることが示されており、職場が新人教員を支える組織として機能していない可能性が決して低くないことが明らかとなっている。

また、山崎（二〇〇二）は、教員へのインタビューをもとにしたライフコース研究から、若い年齢層の教員が新任期に抱えるリアリティ・ショックについて触れている。そこでは、子どもへの指導の困難さや多忙さが過重であることのみならず、それにもかかわらず、自由度が少ない職場と周囲からの視線が冷たいことにより、ゆきづまっていることが指摘されている。

以上から、苦悩を抱える新人教員を支えてくれる職場環境が存在するか否かが新人教員が退職するのか成長するのかの分水嶺であることが想像される。

このような新人教員を支えてくれない職場の状況は、同僚・管理職が「悪意」を持っているから発生するのかと言えば、そうではないであろう。皆、「善意」をもって一所懸命に教育実践に携わり、教育改革に挑み、新人教員を育てようとしているはずである。一方、新人教員が職場の同僚・管理職の「善意」に応えられない無能な人間、教師に不向きな人材なのかと言えば、それもまた違和感が残る。そこには「悪意」「不向き」といった個人の資質能力に還元できない、制度・システムの問題が存在しているのではないだろうか。

2　自立的専門職像と管理体制の強化

山﨑（二〇〇二）は、一九九〇年代以降において初任者教員の研修が所属校内での授業研修に重点を移していった中で、管理職や先輩教師などによる指導教員制の下での「マンツーマン方式」によって、新人教員が「自立した同僚教師」から「指導される配下教師」、つまり、管理職や先輩教師の配下となって働く存在へとその位置を実質的に転換させられてしまったことを指摘している。木村（二〇〇八）もまた、教員の資質向上に関する施策に関し、一九九〇年代以降、教員の職能成長の場が、自発的な同僚性や民間団体から、「官製」的なシステムによるものへ徐々に移行していく状態となったこと、そして、学校での目標管理―評価システムの構築が求められるようになってきたことを指摘している。このような管理体制の強化は、昨今加速化・肥大化している（本書第二章参照）。

一方で、教育学では、「省察的実践家」モデルを重視している。このモデルでは、教師の自立性と専門的見識を基礎とし、「自由」と「多様性」を原理とした、民主的社会に適合する教師像を描く。そして、自らの教育実践について省察する（reflection on action）ことと、実践の中で（実践しながら）省察する（reflection in action）ことを行いながら成長する存在として教員を位置づけている（Schön, 二〇〇一）。大学の教員養成や学校現場においても、このモデルに添った校内研修を展開しているところが少なくない。

これらの状況から考えられることは、着任した学校が管理体制の強い研修を実施している場合、新人教員が、一方で新人といえども一人前の働きを期待される自立した専門職教師として位置付けられ、もう一方で、未熟な新人として管理の対象となり自立性が阻害されるというアンビバレントな状況に置かれてしまっているということである。管理職や先輩教師は決して新人教員の自立性を阻害し「配下教師」として扱っているつもりはないのかもしれないが、目標管理－評価システムを充実させることを善意から遂行することにより、自立性・自由・多様性をもって成長しようと試みる新人教員との間に齟齬が生まれている可能性がある。

伊藤（二〇〇〇）は、ベテラン教員に比べて若手教員のほうが、バーンアウトに関わる要因として「達成感の後退」をより強く感じていること、子どもとの関わりを重視している一方で、「教科指導の悩み」「児童生徒との関わり」などの教師という仕事の中核、毎日の仕事の中で直面するものに対する悩みを多く抱えていることを指摘している。先述したような自立性にかかるアンビバレントな状況の中で、一人前の教師としての働きをうまく達成できないことが、新人教員自身の達成感の後退とともに同僚からのさらなる管理の強化を生み出し、負のスパイラルの中で、新人教員のバーンアウトにつながっていくのであろう。

中央教育審議会「教職生活の全体を通じた教員の資質能力の総合的な向上方策（審議経過報告）」（二〇一〇年）においては、校内研修（および自主研修）の活性化や、管理職のマネジメント力の育成のための研修・教職大学院コースの充実が検討されている。これらの施策が、学校現場での管理の激化を生み出すならば、新人教員の苦悩はむしろ増幅される。何とも切ない話である。

三　新人教員の苦悩の深層（二）――教員養成

1「うまくできるようになる」ことの限界

学校現場の抱える課題に対応できる教師を育成するため、教員養成課程では改革が進められてきた。中央教育審議会「今後の教員養成・免許制度の在り方について（答申）」（二〇〇六年）では、大学における教員養成の方向性として、「学校現場が抱える課題への対応」「実践的指導力」「教員として最小限必要な資質能力」が重視され、そのために、教職指導の充実、組織的指導体制の整備、「教職実践演習」の新設・必修化が挙げられている。そして、学生がこれらの資質能力を育成できるよう、「各大学が養成する教員像や教職課程の到達目標等」を示し、それを組織的・体系的に育成することが述べられている。(3)「実践的指導力」として同答申に挙げられているものは、「使命感や責任感、教育的愛情等に関する事項」「社会性や対人関係能力に関する事項」「幼児児童生徒理解や学級経営等に関する事項」「教科・保育内容等の指導力に関する事項」である。

教員養成課程は教員を育成するところであり、教員として巣立っていく学生個人の資質能力を育成することは、当然の業である。しかしながら、学校現場が抱える課題を教員個人の資質能力の充実により解決することに偏重することは、次の二つの理由で新人教員を大いに苦しめることになる。

（1）個人化

第一の理由は、ウルリッヒ・ベック（Ulrich Beck）の言う「個人化」（ベック、一九九八）に拍車がかかることである。個人化とは、「家族と職業労働、職業教育と労働、行政と交通制度、消費、医学、教育学等といった、システム論の観点からすれば分離しているように見えるものが、すべて、個人の人生のなくてはならない構成要素になる」（二六九頁）状況を指す。個人化の進む状況においては、システムの矛盾は個々人の人生において解決されていく営みとなり、本来、システムの問題であることが個人の問題へと還元される。個人の問題へと還元される回路が強くなるにしたがい、システムの改善・社会全体の改善に意識・実践が向かわないという仕組みが出来上がる。それは、教員の資質能力では解決できないような問題を教員に課すことにつながる。熟達した教員であれば、そのような状況をうまくずらしながら対応できるのかもしれない（本書第八章参照）が、新人教員はまともに受け止めてしまう可能性が高くなる。

（2）能力育成の難しさ

第二の理由は、求められる資質能力（特に「社会性や対人関係能力に関する事項」）が一朝一夕に身に付く類のものではないことである。本田（二〇〇五）は、ポスト産業社会において求められる「意欲・創造性」「ネットワーク形成力・交渉力」などの能力を「ポスト近代型能力」と名付け、これらの能力の形成が「個々人の幼時からの日常的な生育環境としての家庭の質的なあり方に左右される」（三二二頁）ことを指摘する。(4)

このように、コミュニケーション能力に代表されるような社会性や対人関係能力を育成し、子どもや保護者、そして同僚との関係づくりをうまくできるようになることは、一朝一夕に可能なことではないのである。もちろん、これは、教員養成がこれらの能力の育成を放棄すべきであるということを意味しているわけではないし、一朝一夕に身に付かないなら教員養成期間を長期化すればいいという考えを支持しているわけでもない。

中央教育審議会「教職生活の全体を通じた教員の資質能力の総合的な向上方策（審議経過報告）」（二〇一〇年）では、教員が身に付けるべき資質能力を教職生活の段階毎に分けて考え、大学学士課程における実践的指導力やコミュニケーション力、チームで対応する力の育成、教員養成の修士レベル化の検討と修士課程における深い知的学識の涵養による専門性の一層の向上、初任者研修の長期化（現行の一年から二〜三年へ）、校内研修や自主研修の活性化などが検討されつつある。これらの検討が今後、どのような形となっていくかに期待が寄せられるところではあるが、個人の資質能力育成の偏重を相対化し、育成されにくい資質能力の育成についてはその限界を自覚しないかぎり、不幸を招く結果となるであろう。(5)

学校現場が抱える課題を解決できる教員個人の資質能力を育成するという方程式は、大変わかりやすく魅力的である。しかし、それには限界があり、過大な期待は禁物である。教員養成が過大な期待を引き受ければ引き受けるほど、社会、そして学校現場は新人教員への期待値を上げる。学校現場では、新人であろうがなかろうが、子ども・保護者の前に立ち、同僚とともに職場を切り盛りしていかなければならない。そこでは、「一朝一夕に身に付くわけではない」からといって悠長に構えてはいられない現実が待ち構えている。したがって、そこでは「うまくできない」自分がむき出しにされる。場合によっては、子ども・保護者・同僚・管理職からの批判の目に晒される。そのような状況下で、学生（新人教員）は学校現場でますます「できない」ことを責められ、「できない」自分が肥大化し、悩み、自らを責め、思い詰めていくことが想像できよう。「うまくできないから、うまくできるようになろう」と思うことは大切であるが、うまくできるようになるための試行錯誤のゆとりもなく、「徐々にうまくできるようになっていく」という回路が遮断されるほどの、「うまくできるようになる」ことへの要求圧力がかかっている現状。教員養成がこれに追随するのみでよいはずがない。

2　教職への使命感の逆説

山田（二〇一二）は、先述した「第五回学習指導基本調査」から、若手教員ほど非常に仕事に対して熱心であり、それゆえに多忙化し勤務時間が長期化していること、そして、仕事の無限定性（家庭や校外での生活もできるだけ指導する）を重視する傾向が高いことを指摘している。若手教員は仕事に慣れないぶん、ベテラン教員に比べて、同じ業務をこなすにしても時間が多くかかることが容易に想像できる。ただでさえ業務に多くの時間がかかる新人教員が、仕事に熱心であること、そして仕事と私生活の境界線があいまいになる傾向が強いことにより、多忙が加速するようである。

教育職員養成審議会による「新たな時代に向けた教員養成の改善方策について（第一次答申）」（一九九七年）では、「教職の意義等に関する科目」が「教職への志向と一体感の形成」を目指しているものとして位置付けられている。そして、中央教育審議会「今後の教員養成・免許制度の在り方について（答申）」（二〇〇六年）では、教員として求められる四つの事項の一つに「使命感や責任感、教育的愛情等に関する事項」がある。これらの施策により使命感、責任感、教育的愛情を育成された若手教員が、それゆえに仕事に対して熱心になり、仕事が無限定になり、多忙化とそれによる苦悩の増大に拍車をかけられているとするならば、何とも皮肉な現象ではないだろうか。

四　教員養成には何ができるか

1　学校現場における困難な状況の想定

以上のような状況を眼前にして、大学としては、研究成果をもとに教育政策・制度の改善を進めていくこと、可能な限り多くの学校現場と連携・協力しながら、新人教員にとって（新人に限らないものではあるが）より良い同僚性・職場環境が構築されるよう共同での実践研究を進めていくことなどが必要となる。また、一方、大学を巣立っていく目の前の学生に対して、手だてを講じる必要もあろう。提示された問題は、そう易々と課題解決のための正解が得られるような問題ではない。したがって、以降では、筆者なりの提言を示しながら、読者の方々と一緒に問題克服に向けた教員養成のあり方について考えていくことができればと思っている。

筆者は、問題克服に向けた教員養成のあり方の一つに、「学校現場における困難な状況の想定」があると考える。学校現場における子ども・保護者・同僚・管理職との関係にかかる困難な状況を想定し、それへの対応のシミュレーションや実践を教員養成において行っておくことが、新人教員が直面するリアリティ・ショックへの準備と苦悩の軽減に役立つのではないだろうか。

そのような取組の参考として、奈良教育大学では、「鍵的場面での『対応力』を備えた教員養成」を開発している（奈良教育大学、二〇〇七）。「鍵的場面」とは、「教育実践において、教員がよく遭遇する場面であり、コミュニケーションギャップが生じやすい、対子ども、対保護者、対同僚との間で生じる、とりわけ重要な教育実践問題状況を含んだ典型場面」を意味しており、「対応力」とは、「鍵的場面において、〝響応〟（状況を感じ取り、子どもや保護者、同僚との円滑な関係を保ちながら改善策を見通すこと）し、問題を〝解決〟していく（行動に移り、その行動を振り返り、成果に向け取り組む）力」を意味している。[6] このような鍵的場面での対応力の育成は、「テトラ型チーム」（学部四年生、大学院生、提携校教員、大学教員から構成される）を組織し、教育実習とは別にインターン形式（事前・事後指導含む）を通して行われる。

鍵的場面には教科指導の場と教科外指導の場がある。教科指導の場の具体例には、たとえば、「保護者が子どもの成績に納得できず、説明を求めて来校した（対保護者）」「授業中、子どもが急に飛び出した（対子ども）」「ティーム・ティーチングをするのに相手とうまくいかない（対同僚）」などがある。そして、教科外指導の場の具体例には、たとえば、「保護者会でクラスの問題を保護者から指摘された（対保護者）」「女子同士がグループ化して相手を攻撃しあう（対子ども）」「学級通信を出したいけれども、学年で反対された（対同僚）」などがある。

そして、鍵的場面は、「課題鍵的場面」と「遭遇鍵的場面」に分類される。「課題鍵的場面」とは学生があらかじめ取り組んでみたい鍵的場面のことであり、「遭遇鍵的場面」とは実習中に起こる様々な鍵的場面のことである。両鍵的場面に対する取組は並行して実施される。「課題鍵的場面」に対する取組では、「第一週：事例研究形式で、シミュレーションをしながら実践を深める（対応の基礎）」「第二週：実際に、学校で遭遇した出来事を鍵的場面と照合し実践を深める（実践場面への響応）」「第三週：課題解決に向けて取り組む戦略の立て方を検討する（解決力の基礎）」「第四週：提携校の教員とともに、学部学生が、実際に解決行動に踏み込む（実践的解決の経験）、取った行動への反省的思考と次への創造的思考の方法を学ぶ（反省的方法の取得）」という展開を行う。一方「遭遇鍵的場面」に対する取組では、インターンシップの期間中、実際に起こった鍵的場面に対し、鍵的場面を認識する、提携校教師の対応の意図・意思決定を学ぶ、場面の背景を知る、自分が教師だったらどう対応するか考える、実際に解決行動に踏み込む、取った行動への反省的思考と次への創造的思考を行う、といった活動を行う。

以上のような取組は、学校現場の多様で困難な状況に触れること、そこでの自分なりの判断を下すこと、その判断をもとに行動を起こし・振り返り・判断および行動を修正することが可能となる。それにより、学生は、学校現場でのリアリティ・ショックに対する免疫をつけることが可能となるのではないだろうか。

また、同大学では、その後「先端的な教職科目体系のモデル開発プロジェクト（略称：教師力モデル開発プロジェクト）」が開始され、その中の一つの取組として、学校現場でのさまざまな鍵的場面を切り取ったケース・メソッドが開発されている。(7) このケース・メソッドを通して、大学教員、学校教員、他学生などによる多様な意見と触れながら、学校現場で発生する困難な状況への判断力・対応力を育成することが可能となるのではないだろうか。

とはいえ、これらの取組では、特に学部段階での教員養成において、実践的な対応力が十分に育成されると考えられているわけではなく、大学院課程さらには学校現場に出てからの成長過程において、むしろ育成されるものとして位置付けられている。学部段階での教員養成で大切にされていることは、学校現場が抱える困難な状況に触れておくことであり、その背後にある子ども・保護者・学校などの状況という文脈の多様な可能性の幅を広げることであり、そこで自分なりの考え・判断を根拠をもって作り出し修正していくことなのである。これらの取組が学校現場で実際いかなる意味を持ったのかについての調査報告書はまだ存在していないが、「鍵的場面」の取組に参加し、その後、教師になった卒業生からは「この取組が役に立っている」「学校現場では鍵的場面の連続です」といった声があがっているようである。(8)

2　「できないこと」の受容

学校現場における困難な状況を想定した教員養成の展開は、一定の成果が期待されると考えられる一方で、運用の仕方次第では、本章で述べた「うまくできるようになること」の絶対視の限界から免れない。つまり、困難な状況に「対応できない」という選択肢が許されないという養成の仕方であるならば、「うまくできるようになる」ことを目指すことに付随する負のスパイラルから距離を置くことができないのである。それは「教職への使命感」がはらむ問題とも関係する。

諸冨（二〇一〇）は、メンタルヘルスの観点から、教員の悩み・ストレスに対し、「弱音のはける職員室」があることが必要だと述べる。しかし、先述したように、職場の同僚・管理職が新人教員を責める・追いつめることもあり、「弱音」のはける職員室が職場にあるとは限らない。学校外の仲間づくりの重要性は後述するが、少なくとも、自分の中で、「できない」ことを受容し弱音をはいてもよいという選択肢を持てるようにしておくことは重要であろう。

そのために大切になってくるのは、教員養成の段階で、将来学校現場で「うまくできない」ことを受容できるよう、指導していくことである。「できない」ことが「できるようになる」ことは大切なことであるが、「できない」ことがあった時にそれを「受容する」ことも重要である。つまり、できないこと、そして、それにより発生する苦悩を認め、それにより自らを追いつめることなく、むしろ、その状況と距離をとり、相対化することが大切なのだと考える。その萌芽を大学生のうちに認識・経験させておくことは可能であろう。

筆者は、幼稚園教員免許・保育士資格にかかる教職科目ではあるが、教員・保育士の職務と意義について学ぶ授業を行い、求められる職務とその背景、園務・校務分掌の内容などを伝えるとともに、現場の様々な困難な状況事例を通した学習（ケースメソッド）を行っている。この授業では、困難な状況が発生している理由・背景の多様な可能性について想像してみる、それぞれへの対応の幅を広げる、といった活動を行っている。それと同時に、それらが「うまくできない」ことの方が多いこと、「うまくできない」自分を責める同僚・管理職・保護者・自分自身もいること、「うまくできない」ことが「うまくできるようになる」よう努力することはもちろん大切であるが「うまくできない」ことを気にする必要はないこと、新人なのだからうまくできなくて当たり前であること、などを伝え、

「うまくできない」時にどうするかについて、可能なかぎり多様な選択肢を持っておくような活動を展開している。

このような教職に関する科目以外にも、教育実習や学習ボランティア等の実践で「うまくできない」ことを体験したうえで、それを題材に、原因や対策を検討するとともに、「できない」ことを受け入れ、「できない」ことに挑戦したことがむしろ認められるような指導のある機会があってもよいであろう。もちろん、学校現場の児童生徒たちにとって取り返しのつかないことをしてしまわないような程度ではあるが。

このような形で、「できない」ことを受容できるようになっていれば、先述した若手教員のバーンアウトの要因としての「達成感の後退」についても対応できるのではないか。つまり、求められる水準での仕事が「うまくできない」こと、それによる圧力が保護者・同僚・管理職からかけられることは「新人で非力なのだから仕方ない」と受容し、自分なりの「今できうる次の一歩」「もう少し低い水準の仕事」を見出し実践することで達成感が得られることは、バーンアウトを軽減することにつながるであろう。「うまくできない」ことは「仕方ない」こととして状況と距離をとれるようにし、冷静に次に踏み出せる一歩を見つけ出していくこと（信頼に足る仲間とともに見つけ出すこと）、さらには、「うまくできない」ことに意識や労力を割きすぎることから脱却し、自分の得意なこと・好きなことを実践に活かす意識や活動は、苦悩に追い込まれた新人教員が見つけうる光なのではないだろうか。

もちろん、「もう少し低い水準の仕事」など許してもらえない現状があることも事実である。そのような現状に対して、職場の支えに感謝しながら成長し、その恩に報いていくことができれば幸いであろう。一方で、職場の支えがない場合への対策についても、教員養成において準備しておく必要がある。

3　多様な仲間づくり

先述した山﨑（二〇〇二）の調査では、若手教師がゆきづまった状況に対して支えになっているものについて、「家族の者や友人の励ましやアドバイス」「年齢の近い若手教師の励ましやアドバイス」「経験豊かな年輩教師の励ましやアドバイス」を挙げる者が多いことが指摘されている。そして、リアリティ・ショックに対する支えと手探りの実践のモデルとなったものに、職場の先輩教員のほか、自分の学校時代の恩師、職場外の同期の教員仲間、学生時代の友人などがあることが述べられている。これらから考えられることは、不幸にも職場内に自分を理解し支え励ましてくれる年齢の近い若手教師や経験豊かな年輩教師がいなかった場合、職場外の恩師や仲間が自分を支え励ましてくれることが、新人教員を病気や精神疾患とは異なる「成長」という世界へと誘ってくれる最後の砦になるということであろう。

職場外の仲間の重要性については、久冨（二〇一〇、一五七―一五八頁）も次のように述べる。

若い教師にとっての「専門職仲間（colleague）」ないし「仲間関係（collegiality）」は、今日ではほとんど一つの学校を越えてその職場外につくられた「若手教師だけの会」や、「組合とか民間サークル・実践団体の中の若手教師を中心とする集まり」になっている。

つまずいた状況を率直に出し合い、「苦しいのは自分だけじゃない」と救われたり、自分の苦闘と悩みとを受け止めてもらったり、職場で受けた「管理職や先輩同僚からの叱責」が「じつは不合理なもの」と気づいて自責感から解放されたり、他の人の経験に学んだり、対処への適切なアドバイスをもらったりする。そういう過程で、意識／無意識に、「子どもに対する見方や対処」についても新たに広がった視野を持てたりもしている。あるいは「クレームを寄せる親」についての新しい理解も開けたりしている。

このように、気の許せる仲間同士で苦悩を吐露し合うことは、困難な状況の解決方法や教員としての成長につながる新たな視野の獲得に寄与するのである。学校現場の状況は多様で複雑であり、それを抱える同僚・管理職による組織のあり方も多様である。したがって、新人教員の支えとなる集団も学校内に単一化し抱え込ませるのではなく、学校外の仲間に開いていくことは非常に大切なことなのである（本書第一二章参照）。

とはいえ、教員は多忙であり、新たな学校外仲間を築いていくことは容易ではない。そのような状況に対し、学校内の仕事量や勤務時間、学校現場の多様な課題、地域社会の人口や通信・交通環境、新人教員の趣味や個性や生活スタイルなど、多様な状況において多様な学校外仲間の選択肢があることが、新人教員の学校外の仲間の「作りやすさ」を生み出すであろう。

そのために、重要となるのが学校現場で働く時期よりも比較的時間的・精神的余裕のある教員養成の時期である。教員養成の段階において、授業以外の場面で自主的に集まる学習仲間、教員とのつながり、先輩・後輩による学習グループ、大学間連携による複数の大学の教員志望学生による交流会、さらには、地域社会のＮＰＯ法人や学習サークルとのつながりなどが形成されるようなしかけを作ることは、その後の多様な職場外仲間づくりの可能性を拓いていくであろう。

同志社女子大学現代こども学科では、幼稚園教員・保育士・小学校教員を目指す学生への初年次教育を支えるシステムとして、「アドバイザー制度」「新入生オリエンテーション合宿とリーダー」「ビッグシスター制度」を整備している。「アドバイザー制度」とは、二十人程度を基本単位としてクラスを作り、教員二名がアドバイザーとして付く制度である。「新入生オリエンテーション合宿とリーダー」とは、入学式の翌日に、宿泊研修を行い、二・三年生の上級生リーダーがクラスごとに付き、学生生活全般とカリキュラム履修方法のアドバイスを行うものである。「ビッグシスター制度」とは、新入生（リトルシスター）に、信頼できる友人として上級生（ビッグシスター）が、学生生活全般にアドバイスする制度である（松崎、二〇〇八）。

これらの取組を通して、大学の教員、同級生、先輩との学びの仲間づくりが可能となる。ここで築かれた絆は、大学生時代にかぎらず、その後の人生においても苦悩をともに感じ、ともに歩んでいってくれる支えとなるであろう。

4　積極的な学びの喚起

新人教員が抱える苦悩に触れることは、一方で学校現場の困難さに立ち向かう準備となるが、もう一方で学生の教職に対する意欲や希望を喪失させてしまうことにも繋がりかねない。したがって、これまで述べてきたような、教員養成における学校現場での困難な状況の想定、「できないこと」の受容、多様な仲間づくりなどの取組を進めていくうえでは、学生が教職への意欲や希望を持つよう支援すること、これらの取組をはじめとした大学授業を自分事として受け止め、積極的に学ぶ意識・活動を喚起していくことなども必要となる。そのような工夫は、教育実習と連関させることで可能となることもあろう。さらには、これらの取組単独ではなく、初年次教育科目と連関させていくことで実現できることもあろう。

先述した同志社女子大学現代こども学科では、初年次教育として『現代こども学概論』という授業科目を開講し、①大学で何をどのように学ぶかを考え、「自分の（my）こども学」をつくる、②知識を暗記中心の学習方法によって「勉強する」という学習観から、問題解決の過程であり対象である事象や社会に働きかける活動的性格を持つ「学ぶ」という学習観へと転換する、③子どもを取り巻く世界の広がりや深さと自分とを関係づけたり、仲間がいるからこそ見つけられる世界の有り様を共に発見したりする、④学生の気持ちを奮い立たせ、夢や希望をつくり出し、支え合う仲間の存在、自分への自尊感情を構築する（エンパワー）、といったねらいを持つ授業を展開している。

このような取組により、学生は教職の困難な現実と対峙しながらも、教職に対する意欲や希望を持ち、大学生時代の学びをより積極的に進めていくことができるであろう。

五　教員養成にできること・できないこと

以上、新人教員が学校現場において抱える苦悩と、それへの対策としての教員養成のあり方について考察を加えた。多様で非常に困難な課題を持つ学校現場に裸一貫で参入してくる新人教員が抱える苦悩は、やはり多様で非常に困難なものである。そのような状況に対し、大学教員養成においてできることは限られているかもしれないが、それでもなお、前向きにこつこつと挑戦していかなければならない。また一方で、教員養成においてできないことについても検討していかなければならない。個人の資質能力育成の偏重が新人教員の不幸を招くのと同様、育成されにくい資質能力の育成を引き受けてしまうことが教員養成の、そしてそこで学び巣立っていく学生（新人教員）の不幸を招くことについて、我々は慎重に検討を重ねていく必要があろう。

久冨（二〇一〇、五七頁）は、学校現場の管理職に対し、「学校で働く教師の健康と安全を守る管理責任はどうなっているのか？」「教師の生命や健康、そして伸びやかな成長と力量発揮は、学校として極めて大切なことがらではないのか」と述べる。これを教員養成に当てはめると、次のように言い換えることができよう。「将来、学校で新人教員として働く学生の、採用後の苦悩を予防し健康と安全を守る管理責任が大学の教員養成にはあるのではないか」「学生の採用後の苦悩への予防と、それによる生命や健康、そして伸びやかな成長と力量発揮は、教員養成として極めて大切なことがらではないのか」。

教員養成ができること・できないこと、やらなければならないこと・やってはいけないことに関する議論は、今後も続けていく必要がある。

注

（1）文部科学省「指導が不適切な教員の人事管理に関する取組等について」「教育職員に係る懲戒処分等の状況について」等を参照。
（2）たとえば、Benesse 教育研究開発センター（二〇一一）、村上（二〇〇七）、久冨ら（二〇一〇）、山﨑（二〇〇二）など。
（3）その代表的なものがいわゆる「教員養成スタンダード」である。これは、教員として卒業する学生が身につけておくべき資質能力をリスト化・構造化したものである。たとえば、日本教育大学協会「学部教員養成教育の到達目標」（二〇〇八）などで複数の大学での取組が確認できる。
（4）本田（二〇〇五）は、このようなポスト近代型能力が社会的地位の獲得を左右する「ハイパー・メリトクラシー」が、「「社会」が「個人」を裸にし、そのむき出しの柔らかい存在のすべてを動員し活用しようとする状況」であり、「個人にとってあまりにも過酷な状態」であるとともに、「どのような家庭に生まれ落ちるかによって個々人が社会を生き抜く上での有利・不利にあからさまな格差が生じる」と問題視している（三二頁）。
（5）これに関して中央教育審議会から、平成二四年八月二八日に「教職生活の全体を通じた教員の資質能力の総合的な向上方策について」（答申）が出された。本文で挙げた内容については審議経過報告と大きく変更はない。
（6）「鍵的場面」は、困難な状況への対応だけでなく「教育実践の中で遭遇する様々な重大場面、特に①適切に対応しなければ後に重大な状況に陥る可能性がある場面、また、②適切に対応することによって極めて良好な教育効果が期待できる場面」を対象としている。
（7）奈良教育大学「教師力モデル開発プロジェクト」http://www.nara-edu.ac.jp/TCP/
（8）奈良教育大学での「鍵的場面での「対応力」を備えた教員の養成プロジェクト」および「教師力モデル開発プロジェクト」担当者へのインタビュー（二〇一二年五月一日）より。

文献

Beck, U. (1986) Risikogesellschaft: Auf dem Weg in eine andere Moderne. Suhrkamp Verlag Kg; Neuauflage（ベック、

U（一九九八）『危険社会』（東廉・伊藤美登里訳）法政大学出版局
Benesse 教育研究開発センター（二〇一一）「第五回学習指導基本調査（小学校・中学校版）」
本田由紀（二〇〇五）『多元化する「能力」と日本社会――ハイパー・メリトクラシー化のなかで』NTT出版
伊藤美奈子（二〇〇〇）「教師のバーンアウト傾向を規定する諸要因に関する探索的研究――経験年数・教育観タイプに注目して」『教育心理学研究』四八（一）、一二―二〇頁
木村元（二〇〇八）「日本の教職アイデンティティの歴史的形成――日本の教員改革と教育文化の展開に着目して」
久冨善之編著『教師の専門性とアイデンティティ――教育改革時代の国際比較調査と国際シンポジウムから』一三九―一六三頁
久冨善之・佐藤博編著（二〇一〇）『新採教師はなぜ追いつめられたのか』高文研
松崎正治（二〇〇八）「大学における初年時の導入教育の試み～こども学入門――『現代こども学概論A』の場合」教科教育理論研究会二〇〇八年度夏合宿配布資料
村上慎一（二〇〇七）「初任教員のストレス及びその対処法、メンタルヘルスとの関わりに関する研究」『愛知県総合教育センター研究紀要』第九七集、一―四二頁
諸冨祥彦（二〇一〇）「教員の悩みとメンタルヘルス」『日本教育』三九三、一八―二一頁
奈良教育大学（二〇〇七）「鍵的場面での「対応力」を備えた教員の養成――提携校を拠点としたテトラ型チームで取り組むプログラムの開発と実践（プロジェクト報告書）」
Schön, D. A. (1984) The Reflective Practitioner: How Professionals Think In Action. NY: Basic Books（ショーン、D・A（二〇〇一）『専門家の知恵――反省的実践家は行為しながら考える』（佐藤学・秋田喜代美訳）ゆみる出版）
山崎準二（二〇〇二）『教師のライフコース研究』創風社
山田哲也（二〇一一）「序章（三）：調査結果の背景要因に関する検討」ベネッセコーポレーション『研究所報 六二：第五回学習指導基本調査（小学校・中学校版）』、一一八―一三二頁

第五章　「若手教師」の成長を支えるもの

——授業力量を成長させる要因

木原　成一郎・久保　研二

一　はじめに

二〇〇七年六月のある日、学部卒業後三年間教員採用の困難な出身地での臨時採用を経験した後、A県で教師に採用され四年生の担任としての生活をスタートさせたばかりの桃山先生（氏名はすべて仮名）が突然木原の研究室を訪ねてきて、「こっちはなんか会社みたいな感じがします。何時から何時が勤務で、とか。」とボソッと話した。この言葉に示されるように、三年間の他県での非常勤講師時代の勤務校と初任として採用されたB校との間に大きなギャップがあり、彼はかなりまいっている様子であった。四年間体育会のレギュラーとして活躍し、学園祭や模擬授業といった場でパフォーマンスをして喝采を受ける学部時代を過ごした彼からは想像できない落ち込んだ顔つきであった。

「学年主任の先生らと学年の会議がけっこうあって、『ここまでこうこうやろう』とか『この単元ではこういうことしよう』とか、わりあい決まってますので。これも上からおりてきて、それをこなすっていう感じで、こなすのでいっぱいでその学校のやり方っていうのはあるので、それとズレていたら『違う』とか言って、やり直しをしたり。」

非常勤講師時代は小規模校だったので授業の年間指導計画を柔軟に運用できたのだが、B校では四クラスの学年団で進度を揃えることが期待され、「その学校のやり方」が「上からおりてきて、それをこなすっていう感じ」になっているという。「ズレていたら『違う』とか言って、やり直しをしたり」ということの具体例を聞いてみたところ、立つと騒ぐので子どもを座らせて行おうとした運動会の綱引きの成績発表を、前日に立ったまま行うよう変更させられたという。桃山先生は昨日の運動会について次のように述べた。

「決まりが結構細かくて、けっこう『君に任せたよ』って言われて、任されて、いろいろ案を出してやっても『違う、違う、違う』でやはり、例年通りっていうか、型にはめられてしまって。で、結構、そこで、怒られたり、注意されたりで。『ここはこうだから』、『こうだから』って言われると、『じゃぁ、そうですね』って言うとそれで通ってしまって。なかなか自由がないっていうか、うーん、そんな気がしますねぇ。」

例年通りのやり方を強要する学校の横並びの文化に閉口している様子であった。桃山先生は、さらにこのように続けた。赴任した最初の一学期の体育授業で子どもが骨折する事件が起こったという。それは桃山先生の指導に問題があったというのではなく、体育授業で立ち上がった時に手をついたところ、手のつき方が悪く指を骨折してしまったのである。ところが、保健室の養護教諭がその事件の処理に関して、桃山先生を叱責し、今後は擦り傷程度でも怪我を文書で報告するよう求めてきた。桃山先生は叱責された時の状況を以下のように述べており、保護者の反応に対して過剰に対応している学校の様子がうかがえた。

「で、何か、体育の指導でなんか、『ケガされたんですか』って、『いや、ただ、座って立ちなさいって言ったんです』って言ったら、『立つ時の位置はどうだったんですか』って。『横はどうで、縦はこんだけ幅とって』とか、『それは、どうやったんですか』って言われて、『座った状態から立たせたんです』って言ったら、『そしたら、これからは、ちゃんと幅を取って、対応していかなきゃダメです。』って言われて。『はい』って気を遣うことがいっぱいあって、もう、パニック状態だったんですけど、『まぁ、いいか』って思って。できるところからやろうって切り替えてやってたんですけど。まぁ、堪えるしかないなぁと。」

そこで筆者の方から提案し、体育の授業を中心に初任者研修を含む学校の生活を観察させていただく調査を開始した。桃山先生はＢ校で、初任から五年間勤務し、六年目に他の小学校に転勤した。ここで取り上げる時期はその最初の四年間である。桃山先生のB校での担任歴は、一年目が四年生、二年目が持ち上がりで五年生、三年目に異なる学年の五年生を担任し四年目はその学級を持ち上がり六年生を担任し初めての卒業生を送り出した。桃山先生は学部生時代に木原の下で卒業研究を書き、A県に採用後授業観察とインタビューを行う関係である。また、後出のB校の石原先生は、桃山先生が二年目から四年目まで同じ学年の同僚であった先生である。桃山先生にはインタビューを六回（二〇〇七年六月、七月、十二月、二〇〇八年二月、二〇一〇年七月、九月）実施し、石原先生には二〇一一年五月にインタビューを実施した。本章では、桃山先生の調査を事例として「若手教師」が授業力量を形成し成長していく段階で、何がその成長の要因となるのかについて明らかにしていきたい。

二　「若手教師」の成長の困難さと成長を支える要因の存在

永田（二〇〇七）は、二〇〇五年度退職予定の六十歳から二〇四五年度退職予定の二十歳の公立小中学校教員数をもとに、「現在の教員の年齢構成は逆ピラミッドになっており、三十から四十歳代のミドルリーダーが少ない。」としている。また「今後十年間で五十歳代教師が大量に退職すると、ミドルリーダー層の多くは管理職につかなければならなくなり、新人教師が学ぶことのできるベテラン教師が不足」し、「学校現場の人材育成力の低下」をもたらすという。同時に「新人教師だからといって大目に見てもらえる時代ではなく」なり、「即戦力として働く教師が求められている。」という。教えてくれる先輩は不足しているのに、初任教師は「即戦力」を求められる厳しい状況にあるのである。

それでは、初任教師の成長を促すためには何が必要とされているのであろうか。木原俊行（二〇〇四）は初任者研修の指導教員、木原成一郎（二〇〇七）は校長と初任者研修指導教員の援助が、初任教師の成長を左右する大きな要因であると指摘している。この指導教員や校長が果たした援助は、メンタリングと呼ばれ、学校に新しく参入する若い教師の成長を励ますための中堅教師の職能として必要な力量として注目されている。メンタリングを行う人はメンターと呼ばれ、メンターの典型例は教員養成において教育実習生を指導する学校の指導教員である。このメンタリングは指導教員が教育実習生の成長を援助する場合にとどまらず、学校に新しく参入する若い教師の成長を励ます教師の職能としても必要な力量となってきているのである。

また、木原成一郎他（二〇一〇）は、近年のイングランドの現職教育でコーチングという考え方が重視されていると紹介した。ジーナ・ウイスカー（Gina Wisker）によれば、「コーチングは、伝統的な学習や教授方法とは異なり、非指示的な方法であり、コーチングを受ける人が自分自身の発達を制御し、目的を確定して達成し、スキルを向上させ、規律と動機を発達させることができるように励ますことである。」と定義される（Wisker et al., 2008, p.9）。さらに、単にコーチングは非指示的な指導の技術であるだけでなく、その背後に、「人は潜在能力を備えた存在であり、できる存在である。人はよりよい仕事をすることを望んでいる。」（菅原、二〇〇三、三一頁）という「コーチングの人間観」がある。つまり、コーチとしての先輩教師は、「人は潜在能力を備えた存在であり、できる存在である。」という信念をもち、コーチングを受ける教師自身の潜在能力を引き出すことが求められる。採用された教師は、教員養成において最低限の仕事を進める能力を備えてきたと同時に、なによりいい教師になろうと意欲に燃えて仕事を始める。そのように考えれば、コーチングは初任教師の成長を促す適切な方法といえるであろう。

ひとまず、先輩教師がメンタリングやコーチングを実施すれば初任者は成長を遂げていくことができると考えられる。それでは、その他に何か成長の要因があるのだろうか。また、その成長とはどのような変化なのであろうか。初任教師の成長は、職場に慣れることに加え、何といっても授業の力量に大きく表れる。初任教師の「授業力量」の成長、変容について考察した研究を見てみよう。木原俊行（二〇〇四）は、一名の初任教師の六月、九月、十二月の算数の授業を比較検討し、授業前の準備と関連した教授行為については、十二月に改善されたが、即時的な意志決定を伴う授業行為については十二月になっても問題が残ることを明らかにした。また、木原成一郎（二〇〇七）は、一名の初任教師の七月、九月、一月に体育の授業観察を行い、熟練した同僚教師の援助があれば、どの学年のどの教材でも共通して求められる「授業力量」の向上に加え、授業実施時に適切な意思決定と行動を行う個性的で自律的な「授業力量」に関して何が課題かという「問題の自覚」を初任教師が蓄積していくことができることを明らかにした。

木原俊行（二〇〇四）は、授業力量に注目すれば、初任教師は初任から教職経験五年未満の「若手教師」として、それ以後の教師とは異なる共通の特徴を持つという。では、先に初任者が達成できない問題とされた、授業実施時に適切な意思決定と行動を行う個性的で自律的な「授業力量」は、「若手教師」の間にどのように獲得されていくのであろうか。次に、実際に桃山先生が、初任から四年目の三年間でどのように授業力量を変化させたのかを見てみることにしよう。

三　桃山先生の成長――体育授業における授業力量の変化

採用二年目に校長が退職で交代するとともに、桃山先生は持ち上がりで五年を担任し石原先生と同学年担当となる。翌三年目に、前年度に四クラスのうち二クラスが学級崩壊状態になった五年生を立て直すための担任に抜擢され、六年生で卒業させるまで担任。同様にこの学年の担任に抜擢された石原先生と、結局三年間同じ学年の担任として働くことになる。

この約三年間桃山先生の授業力量がどのように変化したのかを確かめるために、二〇〇八年二月と二〇一〇年九月に彼が指導した体育授業を比較することにした。具体的には、桃山先生の授業後に、その授業を収録したビデオを見ながら「この授業ビデオを見て、感じたこと、気づいたこと、考えたことを可能な限りお話してください。」と桃山先生に依頼し、自由に語っていただいた。そして、そのインタビューを文字にし、その発話を意味のまとまりごとに区切った。ばらばらにされたそれらの発話を、ＫＪ法を用いて分類し、同様の意味内容を持つと思われるグループにまとめた。さらに、そのグループに意味内容を代表する名称をつけ、それをカテゴリーに分類した。

その結果、初任者研修段階、採用四年目段階ともに、①「授業の計画」、②「教師の指導」、③「子どもの学び」という共通カテゴリーが存在した。しかし、それぞれの割合に差が存在した。まず、①「授業の計画」は全体の十九パーセント（二四個）から五パーセント（六個）に減少した。初任者研修段階は、計画段階で子どもの活動を予測できず教材の知識も不十分なため計画への反省が多かったのだが、採用四年目段階では、計画への反省が姿を消し、自分の指導計画や教具使用の意図を考える思考に変化した。このことは、桃山先生が子どもの活動を予測し、身につけた教材の知識を活用して意図を明確にした指導計画が作成できるまでに成長していることを示している。

次に、②「教師の指導」が二十パーセント（二五個）から四七パーセント（五六個）に増加した。このことについては、量的な増加、内容面での深化という二つの変化が指摘できる。初任者研修段階では、単純な教授技術の失敗を反省する思考や事実や指導の説明が中心で少数しかなかった。しかし、採用四年目段階では、移動や待機、用具の準備の時間を減らし、指示や説明を短時間で適切に行い運動する時間を確保する体育授業特有の教授技術を示す「マネジメント」や、授業中に子どもの動きを観察し意図した動きをしているかどうか評価し判断している思考が表れた。これらは、桃山先生が授業の中で明確な意図を持った行動を行うことができていることを示している。

また、カテゴリーの大きな違いとして、②「教師の指導」と③「子どもの学び」の重なる部分に「子どもの実態を踏まえた教師の判断や予想」という複合的なカテゴリーが出現したことが指摘できる。この新たなカテゴリーが生まれた授業の場面を紹介したい。二〇一〇年九月のとても暑い日、筆者らは、桃山先生の採用後四年目の小学校六年生の体育授業を観察した。担任学級の三六名に運動場で「ハードル走」を指導した授業であった。図５－１はその授業の指導案である。筆者らが観察した授業は、七時間単元の一時間目、本時の目標は「ハードルを低く、速く走り越すための課題を考えることができる。」であった。

準備運動をして集合をさせた直後、授業冒頭のハードルの用具の使用法を説明する場面で、教師が「四〇ｍにハードルを四台置いてタイムを計ります。これをいかに早く走るかが六年生のお勉強の大事なところです。さて今からハードルをします。さて早く走りなさいといわれたらどうやって走る。」と発問した。すぐに「低く跳ぶ」と男子が挙手をせずに、その場で発言した。これに対し、教師は「言える子もいるけど言えん子もいるから、今日はこれから二人で一台のハードルを使います。二人で一台のハードルを使いたいからクラスの隣の人で、二人で一台使うからここへ持ってきて集合してください。」（横で「低くとちゃうん？」と発言した男子が友達に聞いているが無視して桃山先生は発言を続けた）。この場面をビデオで見た桃山先生は次のように発言した。

「時間の節約もありますし、意図としては発表しないというか黙ってる子に対して『みんなに聞くんだからね、これは。』っていうのをアピールとしてパッと出ただけなんで。ポンポンって反応が返ってきたから『おー、流そう』と思って流しました。」

単元一時間目の授業のまだ一回もハードルを走っていない段階で、単元全体の導入のつもりで「早く走るにはどうすればよいか」という内容の発問を行った時、「低く跳ぶ」という正解が児童から返ってきてしまった。今日の授業のどの段階で「低く跳ぶ」ということを子ども全体と共有するかという指導の流れが明確にあるため、「低く跳ぶ」という正解発言が意図しない段階で児童から出たが、桃山先生は「言える子もいるけど言えん子もいるから」とその発言を取り上げずに次の場面に移った

<table>
<tr><th>学習活動</th><th>教師の働きかけ</th><th>評価</th></tr>
<tr><td>1．準備運動をする。
・サーキット

2．オリエンテーション
・ハードルの高さ
・ハードルの置き方
・走る方向（道路→校舎）

3．めあてを確認する。</td><td>○体全体を動かす運動を行う。

○2人（クラスの隣同士）で1台のハードルを使い、確認しながら進める。</td><td rowspan="2"></td></tr>
<tr><td colspan="2">速く走り越すためには、どうしたらよいか考えよう。</td></tr>
<tr><td>4．ハードリング練習①
・いろいろ走り越えてみる。［ステップ①］

5．意見交流
・「高く跳ぶ」
・「低く跳ぶ」
・「前に跳ぶ」
・「脚を伸ばす」</td><td>○場を広く使うように指示する。ペアで見合っているところを賞賛する。
・ハードルに向かうまで（助走）
・足の動き
・踏み切り
○「低く走る」という意見に絞り込む。</td><td rowspan="4">○ハードルに関心を持って取り組み、課題をつかもうとしている。
【関心・意欲】</td></tr>
<tr><td colspan="2">「低く走る」にはどうしたらよいか考えよう。</td></tr>
<tr><td>6．ハードリング練習②
・低く走り越える練習
☆集合させる。何人かの動きを見て、高さを判定する。
・お手本を見る</td><td>○「低い」とはどういうことかを明確にする。低いとは、
A:ハードルと脚の間が狭い（△）
B:頭の位置が低い（◎）
○踏み切り位置に着目させる。
○踏み切り位置をペアで確認させる。</td></tr>
<tr><td colspan="2">(頭の位置を変えずに)「低く走る」ために踏み切り位置はどうしたらよいか考えよう。</td></tr>
<tr><td>7．ハードリング練習③
［ステップ②］

8．学習のまとめをする。</td><td>○速く走るためには、「遠くから踏み切って低く越える」ことを確認する。</td><td>○低く走り越えることができる踏み切り位置が分かる。
【思考・判断】</td></tr>
</table>

図5-1　ハードル走の指導案

のである。

これは、教師自身の中に本時の授業の流れがしっかりと意識され、その指導の流れの中で意図しなかった出来事を即興的な思考で乗り越えている場面である。実際に、ここで「低く跳ぶ」ことが「早く走る」ための正解と決着させなかったことにより、授業後半に低く跳ぶことが、遠くから踏み切ることとセットで技能のポイントとなることに気づかせる授業の山場が生まれることになる。

ただし、この場面は桃山先生が当初予定していた指導案どおりに授業を流そうと固執したとも解釈することができる。この解釈に対しては、桃山先生が授業の進行中に、対立する子どもの発言を取り上げた図5－1の本時の展開の「5．意見交流」の場面を紹介したい。

ペア練習の後、集合して、「さてみなさんどうやったら早く越えれそうですか？」という教師の発問に対して、多くの子どもが回答した。桃山先生は、多くの回答が出ることを制限せずに子どもの発言を続けさせた。その結果、教師が意図した正解の「低く跳ぶ」と反対の「高く跳ぶ」という回答が出てきた。桃山先生はこの場面の授業ビデオを見ながら、「これも、否定してしまうとたぶん、出んかなと思ったので」と発言した。ここには、子どもの自由な発想を拾い上げ、誤った回答も受け止めて一つの意見として取り上げ、子どもたちの思考を促すという即興的な判断が示されている。この後、桃山先生は「高い」「低い」と発言した子どもに起立させ、全員にどちらかに挙手させた。桃山先生は、「全員に意志決定させようと思った」（授業ビデオを見ながらの発言）と述べるように、今日のねらいの「速く走り越すためには、どうしたらよいか考えよう。」を子ども一人ひとりのものにしようと考えていた。桃山先生は、子どもの思考を促すことができると考え、誤った子どもの発言を取り上げると判断した。これは、目の前の授業の文脈を読んで即興的に判断する桃山先生の柔軟な思考を示しているといえよう。

このように新たなカテゴリーが生まれた場面をすべて解釈したところ、以下のような授業力量の成長が読み取れた。一つ目は、既に説明した意図的に子どもの発言を無視した場面であり、授業中の即興的思考の現われと考えられる。二つ目は、既に説明した目の前の授業の文脈を読んで、対立する子どもの発言を取り上げるか否かを判断した場面である。これも授業中の即興的思考の出現と考えられる。三つ目は、次時の課題を達成している子どもに気づいた場面であり、自己の考える課題と子どもの実態をすり合わせながら授業を計画する思考が現れている。四つ目は、実際に起こった授業中の子どもの学習のつまずきを、すでに授業を計画した段階で予想していたという発言の場面であった。この四つの場面は、子どもの学習の先読みや技能習得レベルなど子どもの学習状況を読み取り即興的に対応できる力の向上を示している。木原俊行（二〇〇四）や木原成一郎（二〇〇七）は授業実施時に適切な意思決定と行動を行う個性的で自律的な「授業力量」を初任教師の課題と指摘した。桃山先生は、体育授業に関してこれらの力量を身につけつつあるといえるであろう。

四　桃山先生の成長を促した要因

ここからは、本章の目的である「若手教師」の成長の要因について明らかにしていきたい。

1　管理職の転勤による学校の雰囲気の変化

桃山先生の成長を促した第一の要因は、管理職の転勤による学校の変化である。次の桃山先生へのインタビューによれば、新しい二宮校長は、外向きの発表に時間を割くのではなく、授業で子どもに向き合うことを学校の運営の基本に据えた。その結果、学校の雰囲気が大きく変わったという。

――学校はどう？　体育の授業で、ものすごく変わったっていうのは、スタッフが代わった？

「色々要因はあるんですけど。まず、大きく変わったのはやっぱり管理職の先生が代わったのが大きいかなと。教頭先生が代わりましたし。女性の先生になって。校長先生も僕が二年目から今の二宮先生になったんですけど。二宮先生は初めての校長先生なんですけど、現場の先生に、外向きというか、見栄えの面で、発表会とかは全部一切なしにしていって、身になるようなところに先生の時間を割いてほしいということで。太鼓の発表も発表のための発表だったので、全部割いて、その分やっぱ授業してほしいってことですし。外向きにやってたアピールみたいなのを全部なしにして、子どもと向き合って欲しいというか。勤務時間内の仕事なんかも、報告資料なんかは、校長先生でできるところは全部やってくれたりして。担任の先生はやっぱり授業とか、そっちの方に力を注いでほしいという方なので。やっぱり学校自体が変わった感じはします。」

桃山先生のメンターであった石原先生も管理職の交代による校内の変化を次のように述べている。

「すごい変化でしたね。」

――どんなところが大きく変わりましたか?

「一番は声を拾ってもらえるようになったところです。……『こうしたらいいんじゃないか』と提案しても全部叩き潰されてみんなやる気がなかったのが、校長が代わられてからは『こうすればいいんじゃないか』と提案すると『思うようにやってみなさい』という形になってモチベーションが上がったのと、以前は保護者から何か言われたら『担任がいけない』ときていたのが、二宮先生は自分で食い止めて担任を守ったということがよくあったので、しょうもない苦情が激減しました。担任批判とかが。そうなると、担任も安心して子どもを育てるという本来の仕事に就ける。そこの安心してできることと、モチベーションが保てることが大きな変化だと思います。」

石原先生へのインタビューによれば、校長の転勤による学校の変化は二点ある。第一に、教師の声を学校運営に反映しなかった以前の校長とは対照的に、二宮先生は教師の提案を採用してくれたので教師の意欲が高まったことである。第二に、保護者の担任教師への批判を校長が食い止めたことで教師が安心して授業を中心とした子どもへの指導に時間を注げるように変化したことである。これらの学校の雰囲気の変化が、授業を中心とする子どもの指導に各教師の意識を向けさせることになった。

2　同学年の同僚教師であるメンターからの援助

第二の要因は、同僚教師であるメンターからの援助である。桃山先生によれば、初任に採用された二〇〇七年の翌二〇〇八年度から二〇一〇年度まで三年間、同学年の担任であった石原先生との出会いが自分の成長をもたらしたという。桃山先生は、石原先生を「尊敬できる先生で。その人が五年で組んで。その人に今ずっと教えられながら、三年間一緒なんですけど。その人と出会えたから伸びた感じがあって。石原先生っていうんですけど、うちの学校の核になる先生です。」と紹介してくれた。

この同僚教師であるメンターからの援助で注目した点は、メンターによる自主的勉強会の組織である。石原先生によれば、桃山先生を含む若い教師の希望により、桃山先生が四年生の担任として採用された二〇〇七年度から同学年の六年生の教師と一緒に「ミニ勉強会」を始めたという。当時学校の研究主任であった石原先生は、研究主任として組織するのではなく、「来たい人はどうぞ」という「全く強制力のない勉強会」つまり、教師の自主的な学習を組織したのである。表5-1は、二〇〇七年度の「ミニ勉強会」の内容の要約である。

石原先生による自主的勉強会は、桃山先生の赴任した二〇〇七年度にはじまり、二〇〇七年度は石原先生の学年の六年生教師たちで年に四回開催された。表5-1によれば、その四回のうち二回が体育科の教材と指導法である。つまり、水泳の教材と指導法の学習、「ハードル走」や「走り高跳び」の指導法の学習であった。桃山先生は初任の二〇〇七年から担任の四年生四クラスの合同体育で水泳指導を任され、水泳の初心者指導で用いる教材と指導法について石原先生に教えて欲しいと依頼していた。

「六年授業研究覚書 No・3」によれば、二五mを泳がせるために、「だるま浮き」から「連続だるま浮き」そして「足を使わない平泳ぎ」から「平泳ぎ」という系統指導、また「だるま浮き」がで

表５-１　2007年度の「ミニ勉強会」の内容

レジュメのタイトルと日時	「ミニ勉強会」の内容
６年授業研究覚書 No.1：2007年４月20日	「雲　八木重吉」という詩の授業の指導案の提案
６年授業研究覚書 No.2・3：2007年６月28日	小学校６年間の水泳指導の流れ、「ボビング」「だるま浮き」「背浮き」「ちょうちょう背泳ぎ」の教材 「連続だるま浮き」指導結果の報告、「平泳ぎ」の教材
６年授業研究覚書 No.4・5：2007年９月19日	「ハードル走」の指導法、「走り高跳び」の指導法
６年授業研究覚書 No.6：2007年10月７日	国語の説明文「言葉の意味を追って」の教材解釈と指導案の提案

きない子は「背浮きとちょうちょう泳ぎ」を指導したところ、「驚くほどの成果があった。これほど簡単に泳げるようになろうとは予想していなかった。」と報告されている。

桃山先生は二〇〇七年は資料配布を通して、二〇〇八年から三年間は同学年同僚としてこの自主的勉強会に参加し教材と指導法を学んだ。桃山先生は、それらを授業で用いて目の前の子どもが授業で変わっていく事実を体験したと思われる。

さらに、石原先生によれば、桃山先生が「できる子の体育」という考え方を持っていたのに対して、以下の石原先生へのインタビューにあるように、石原先生や学年の同僚の教師は「みんなができる体育」の考え方をぶつけたという。

「私からすると体育ははるかに桃山先生のほうが詳しいですし、F県（桃山先生の出身県。桃山先生が非常勤をしていた。）も子どもたちは体育ができていた地域らしいので、最初に組んだときは『できる子の体育』という感じだったんです。僕らはもともと体育ではないので『みんなができる体育』がいいなと基本的には思っていたので、そこが桃山先生とは違った視点だったのかなと思います。」

——そういうのはどんなところで出ましたか? 桃山先生は確かにパフォーマンス型なんですよ。

「すごく専門的なんですよ。やろうとする課題や動きが。『そんなに難しいことはできんじゃろ』『私が子どもならできん。どう思います?』って聞いていました。最初の頃は体育の苦手な女性の先生二人だったので『無理、無理』という感じで。『ちょっと難しいでしょ』という三人（同学年は桃山、石原先生と女性教師二名）と、『いや、できるでしょ』という桃山先生、という感じでしたから。」

——彼の概念砕きをしていただいたのですね。

「そうですね。桃山先生は運動はよくできるので。」

桃山先生は、高い技術を子どもに指導するという授業ではなく、指導法や場作りを工夫して「みんなができる体育」をめざすという方向に体育観を揺さぶられたと思われる。

3 同学年教師集団からの援助

第三の要因は、学校の同学年教師集団からの援助である。桃山先生は次のように述べた。

「こういう研究会にしても、（高学年だけの）ブロック研だから、基本的に（非常勤の）補充の先生らも付かないですし、子どもも残ってますから、たぶん、来ないのがあたりまえというか、四年前にはあんまりなかった。実際に初任研の僕と指導教員の倉畑先生が授業研究をした時も、大学から来た木原先生が観察されていただけで、あとはだれも来られなかったですよね？　こういう小さな勉強、研究のために空き時間を作るとか、そういうふうに授業に専念できる学校のシステムはすごくいいと思いますし、学年の先生もバックアップしてくれて、『なんでそんなんするん』っていうマイナスの言葉じゃなくて、『やってみようか』とか、そういうところは揃えてくれるので。……わりと、『若い人がやるんなら、がんばってね』っていう雰囲気があるので、今回の授業にしても、他のクラスで実際にやってみましたし、見せてももらいましたし。そういうふうに授業を交換したり、子どもを代えてやってみるっていう実践も簡単にできましたし。」

この発話は筆者らが観察した桃山先生の校内授業研究会のことに関するものである。この校内研修は高学年クラス担当用であったにもかかわらず、若手を含め低中学年の教師数名が自分の学級を自習にして授業観察に参加した。その事実を桃山先生は、「研究のために空き時間を作るとか、そういうふうに授業に専念できる学校のシステムはすごくいいと思います」と述べた。また、「『若い人がやるんなら、がんばってね』っていう雰囲気があるので、今回の授業にしても、他のクラスで実際にやってみましたし、見せてももらいましたし。」とあるように、今回指導した教材を校内研の前に同学年の他クラスで事前に指導したり、他教師の指導を観察したりしたという。まさに、校内研修は、同学年同僚との共同授業研究の場になっていたのである。

この校内研修について石原先生は、校内研修では六年生四クラスの学級担任が共同して研究授業の指導案を作るのではなく、同一単元で各自異なる指導案で指導して、どの指導案が一番いいのかを発表するというスタイルで授業研究を行っていると述べた。また、石原先生は研究用の教材を授業研究前に同学年の他クラスで指導してみたこともあると述べ、「年配の方で若い人に『ちょっとやってみんちゃい』という人が、『うちでやってもいいよ』、『どっちでもいいよ』って投げかけてくださる方が多いですね。」と答えた。このように共同して授業研究を行うスタイルを「みんなが経験されているからそういう発想が出るんだと思うんですが、そういう学年が多かったですね。」と述べている。石原先生は、現在の学校に来る前の二校での一七年間の経験を振り返り、同学年の若い同僚に自分の学級を貸して授業をしてもらい教材研究を深める校内研修のスタイルが広範に存在していたと言った。

さらに石原先生は、自分たちの学年団の先生方による交流について、「子どものことは、同じ学年で組んでいたら基本的に一番話すことですね。『あの子はこうだったよ』とか。（同じ学年を担任する女性教師の）海田先生は桃山先生とタイプが違って、桃山先生のように自分の興味ある所を突き詰めるタイプじゃないんだけど、子どもの見取りというか、それが抜群なんですよ。」と述べた。桃山先生は同学年の先生方との話し合いの中で子どもの学習を見取る能力を身につけていったのであろう。

4　体育科の校外研修と校内研修（研究授業）への参加

第四の要因は、体育科の校外研修と校内研修への積極的参加である。桃山先生は、「市の教科研受けて、あそこでも、すごい勉強になって。あそこで出会った先生とも、すごい、お付き合いさせてもらって。去年は県大会も発表したんですよ。（中略）教育センターの方でも、コンテンツの活用かなんかで授業研究してて、それにも呼んでもらって」と述べ、市や県や教育センター、県を越えた地域研究会という校外研修に積極的に参加したと語った。多くの小学校では体育科の専門的知識について十分に校内研修を受けることができない。そのため、桃山先生は体育科の校外研修に参加したと思われる。

さらに桃山先生は、「一年目から数えて三〇くらい」校内で研究授業を公開していると語った。桃山先生は、教材づくりや指導法の知識等の校外研修で身に付けた体育の専門的知識を活用し、実際の目の前の子どもの現状に即して授業で実際に教えようとした。そして授業を公開する研究授業を通して、自分の力量を振り返る経験を積むことにより成長していったのである。

五　おわりに

「若手教師」である桃山先生の授業力量の変化は、指導方法のレパートリーの増加と、体育授業特有の教授技術に関する自分自身の個性的な原則の確立、子どもの学習の先読みや技能習得レベルの解釈など、子どもの学習を読み取り解釈する力の増加を意味している。この変容は、校内及び校外研修での学習による体育教材の知識の習得と石原先生からの影響による体育観の変容、学年団におけるメンターや同僚との日常的な子どもの学習に関する会話を通した子ども理解の向上により生まれたと思われる。ただし何よりも重要なことは、桃山先生の成長への前向きな姿勢にあると思われる。

コーチングの説明で指摘したように、稚拙とはいえ初任者は、教員養成において最低限の仕事を進める能力を備えてきているし、なによりもいい教師になろうという意欲を持っている。桃山先生も三年間の臨時採用の体験を生かしA県でいい教師になろうと意欲に燃えてB校に赴任した。しかし、例年通りのやり方をおしつけられ、保護者の反応に対して過剰に対応している学校の状況に直面し、「堪えるしかない」状況に追い込まれた。その後、管理職の転勤、石原先生との出会い、子どもの学習について日常的に語り合う同学年の教師集団という要因を得て、大きく成長することができたのである。

いい教師になりたいという意欲を持った初任者は、要因が整いさえすれば誰でも成長することは可能といえるのではないだろうか。もちろん逆にいえば、「若手教師」が成長するためには、その成長を励ますメンターや、子どもの成長について日常的に対話できる同学年の同僚の存在が不可欠なのである。もちろん、そのような条件を学校現場に作り出すためには、一人一人の教師の提案を取り上げ、子どもの学びを中心に学校を運営する管理職の果たす役割が大きいとともに、学外への説明だけのために事務作業を増加させる学校評価を再検討する等の、教育行政の役割が大きいことはいうまでもない。

引用・参考文献

川喜田二郎（一九六七）『発想法』中公新書

木原成一郎・林楠（二〇一〇）「イングランドの現職教育に関する研究」『学校教育実践学研究』一六巻、一〇五―一一六頁
木原成一郎（二〇〇七）「初任教師の抱える心配と力量形成の契機」グループ・ディダクティカ編『学びのための教師論』勁草書房、二九―五五頁
木原俊行（二〇〇四）『授業研究と教師の成長』日本文教出版
永田智子（二〇〇七）「教員養成の課題」鈴木真理子他編『明日の教師を育てる』ナカニシヤ出版、一六―二三頁
菅原祐子（二〇〇三）『コーチングの技術』講談社現代新書
Wisker G. et al. (2008) *Working one-to-one with students: supervising, coaching, mentoring, and personal tutoring*. New York: Routledge.

第六章　同僚に学びながら教師になっていく

──初任期から中堅期への成長

松崎　正治

一　教師の成長の鍵となる時期とは

教師になったばかりの先生たちはその後、一般的に、どのような成長過程をたどるのだろうか。教師の初任期（新任期）は、山崎（二〇〇二）によれば、入職後のおよそ十年間である。思い描いていたイメージと異なる現実にショックを受けながらも、試行錯誤しながら無我夢中で実践を行い、次第に自己の実践課題が明確となり、教師としてのアイデンティティが確立されていくまでの時期である。

こうした初任期のおよそ十年前後を経て、中堅期に入ってくる。年齢的には三〇歳前後から四〇歳代中頃までの時期である。この時期は、校務分掌や主任職など学校運営の中核を担い、実践的にも充実する時期である。一方で、実践上の転機や危機を迎える時期であり、結婚や出産・子育てなどの生活上の転機を迎える時期でもある。

教師になって三年から五年前後で、教師としてのおよその基本的な力量は形成される。その後、優れた教育実践が展開できるようになるかどうかは、初任期から中堅期へと移行する時期にかかっていると、私は仮説的に考えている。また、教師の成長には様々な契機があるが、山﨑（二〇〇二、一五五頁）によれば、「学校内でのすぐれた先輩や指導者との出会い」は、各年代を通して、三割から六割近くの教師が挙げている重要項目である。

そこで本章では、初任期から中堅期へと移行する時期の教師が、学校内でのすぐれた先輩に出会って、成長を遂げていく事例を考察していきたい。

二　本章の主人公——坂本さんと先輩教師・西野さん

二〇一一年度で教職九年目を数える女性の小学校教師・坂本さん（仮名）。筆者の私は、この先生の小学校へ校内研修の講師として長年通ううちに、知遇を得るようになった。そして、教育実践の勉強会を共にするようになった。彼女は、熱心な教師である。実践で分からないことは、必ず尋ねる。そして、尋ねて得心したことは実践で試してみる。そして改良してみる。私が授業を見ていると、彼女はいつも笑顔で明るい。彼女がいるだけで、教室がさわやかになる。子どものことをよく見ていて、できるようになったことを見逃さない。ほめる。こんな先生である。

坂本さんは、教員養成系大学を卒業した後、Ａ市で教師になり、一年目から八年目まで同一小学校に勤務した。九年目に異動して二つ目の小学校に勤務している。坂本さんの担任歴を示しておく。一年目＝五年生、二年目＝三年生、三年目＝六年生、四年目＝五年生、五年目＝六年生、六年目＝一年生、七年目＝少人数指導国語科、八年目＝少人数指導国語科。

こうしてみると、坂本さんは高学年の担任が多いことが分かる。六年間で四回高学年、それ以外は三年生と一年生が一回ずつ。その後は、複数学年にまたがって少人数指導の国語科を専科として担当している。

坂本さんが三年目を迎えた二〇〇五年に、大きな出会いがあった。西野さん（仮名）という女性教師がB市から転勤してきたのである。西野さんは、当時小学校の教職経験一六年目で、四〇歳代にさしかかった中堅期の教師であった。坂本さんと西野さんは同じ学年団ではなかった。しかし、何となく西野さんから坂本さんに声をかけたことから、互いの授業を見せ合うようになった。

実は、西野さんは筆者の大学院修士課程の後輩である。大学院の時に、文学教育論の文献読書会を一緒にしていた。西野さんは、大学院修士課程を修了した後、高等学校国語科の教師を経て、小学校教師になった。西野さんは、実践の工夫を楽しむ人である。子どもが成長する授業を創造することを人生の喜びとしている人である。私は、彼女と一緒に授業づくりを構想したことが何度かある。彼女が様々な教材を捜してきたり、単元の組み立てを考えている姿は実に楽しそうである。子どもがこんな風に考えるのではないか、ここで子どもはどきどきする、これは子どもが深く思考するということをきわめて具体的に思い描ける先生である。

この西野さんが、同じ学年団ではなく、年齢も相当違うのに、坂本さんに声をかけたのである。当時、坂本さんは同じ学年団の先生が、一筋縄でいかないことで悩んでいた。だから少し他者に対して身構えるようになっていた。そんなときに、西野さんが「よかったらどうぞ」と歴史マンガを全巻揃いで六年生担任の坂本さんに貸してくれた。面倒見のいい西野さんらしい。西野さんは二年生担当なので、歴史マンガが宝の持ち腐れにならないように、六年生の先生に貸しただけだという。しかし坂本さんには、西野さんを惹き付ける何かがあったのだろう。坂本さんも徐々に心を開くようになって、二人の交流が始まった。そして、互いの授業を見せ合うようになったのである。

この期間に、私は何回も坂本さんと西野さんの小学校での授業を見て、他の教職員と共に授業検討会を行った。また、実践研究会でも坂本さんと西野さんのその他の実践報告を聞いている。さらに、坂本さんと西野さんと私との三者で三回のインタビューを行っている。(1) こういう関係性の中で、坂本さんが西野さんに深く影響されながら、一人の教師として大きく成長していく過程に私は立ち会うことができた。そこで坂本さんが、初任期から中堅期へと移行する時期の入職四年目から六年目までの三年間の実践に注目して、教師としての成長の過程と契機を明らかにしていきたい。

三　モデルとなる先輩教師を模倣する——四〜五年目［二〇〇六—二〇〇七年度］

1　なってみる——模倣の方略

(1) 児童とともに授業を受ける

坂本さんは、教職三年目を迎えて、一通りの授業は出来るような気持ちでいた。ところが、西野さんの国語科の授業を見て、驚いた。

坂本さんは、それまで、授業とは教師が問いを出し、子どもがそれに答えることが繰り返されるものだと考えていた。ところが、西野さんの授業は、そうではなかったのである。教師の指示や発問は、最小限。子どもたちは、自分たちだけで話し合いをどんどん進めて行く。坂本さんは、信じられないような思いで、西野さんのクラスの授業を見つめていた。

それは、二〇〇六年二月の西野さんの二年生国語科の授業「たからものって、なあに？―『わにのおじいさんのたからもの』を中核教材として―」（全九時間）である。西野さんのような授業は、どうしたらできるだろうか。坂本さんは、西野さんに授業の構想段階から尋ねてみた。圧倒された。

第一に、周到な教材研究である。『わにのおじいさんのたからもの』（川崎洋・作）の構造図を西野さんは作っていた。全文を〈人物を表す語句〉と〈叙述する語句〉に分けて、特に指導すべき語句が抽出されていた。例えば、〈わには〉〈ぴくりともうごきません。〉の〈ぴくりとも〉という語句である。児童の発言に〈ぴくりとも〉が出てきたときに、西野さんはその言葉に注目させていた。

第二に、様々な教科とクロスさせながら、児童の興味関心を盛り上げ、テーマを深く探究していくようなスケールの大きい単元構想である。『わにのおじいさんのたからもの』は、純朴なおに（鬼）の子が、わにのおじいさんに聞いた宝物のありかを訪ねていく話である。そこは雄大な夕日が見える場所であった。おにの子はこれが宝物だと思い、足元には宝物を入れた箱が埋まっているのを知らなかった。この作品を中核にしながら、子どもたちにとって「宝物とは何か」を考えていくために、生活科で節分などの冬の行事を取り上げたり（「鬼は外」の意味を考える）、図工科で鬼の面を作ったり、読書活動で「鬼」に関する本を読んだり、朝の学活で「私の宝物」をスピーチするなどしている。こうして、児童が興味をもって学びたいと思うような単元をデザインしている。

第三に、子どもの初発の感想をもとに、子どもによる読みの実態を把握して授業を進めていることである。西野さんは丁寧に子どもの感想を読んで、そこから生まれた問いを次の四つにまとめた。

①なぜ、おにの子は帽子をかぶっているのか。

②わにのおじいさんの宝物は何か。

③なぜそんなすごい宝物をおにの子にあげたのか。

④おにの子に足元の宝物のことを教えてあげたいか。

こういった子どもの感想に基づいて授業を構想していく方法を坂本さんは西野さんから学んでいったのである。

坂本さんは、単元全体のデザインの仕方は分かった。しかし、まだ分からないことがあった。それは、子どもたち自身が授業をどんどん進めて行く学習の仕方である。

そこで、坂本さんが教職四年目の二〇〇六年度には、西野さんの国語科文学教材『きつねのまど』の授業（五年）で、坂本さんも単元の途中から子どもたちの話し合いの輪に入れてもらった。その時の話し合いの様子を坂本さんは次のように言う。

「その一緒に入ったグループの中で、子どもたちが私の発言を引き出してくれました。」

――「坂本さん、どう思う?」みたいに聞いてくれたんですか。

「そうなんですよ。私が言ったことに対して、『いいと思います』と肯定してくれるんです。それに、発言を譲り合ったり促したり。まるでそこに先生がいるかのような感じで子どもたち同士で進めていました。」（イン①）

このように、坂本さんは実際に授業を子どもの立場で体験して、その学習指導の仕方を西野さんに教えてもらっている。さらに、放課後に二人で時間を取って「二人反省会」を三〇分から一時間以上もやってきた。坂本さんが尋ね、西野さんが答えるという形式である。そこでは、お話グループ（話し合いの練習のための専門のグループ）の作り方とか、リーダーを育てる話が語られている。

(2) 暗黙知の遠隔項

実践は、模倣する中から身につくとは、よく言われることである。では、授業の流れの作り方や、発問を単に真似ればよいのだろうか。坂本さんは、授業を受けている児童になってみたのである。このように、坂本さんは児童になりつつ実践の中での省察を行った後に、さらに実践の後で、西野さんとの省察を行っている。こういった方略は、非常に有効であったと坂本さん自身が認めている。

なぜだろうか。熟練教師の西野さんの実践は、言語的に説明できる部分もあるが、言語的に明示できないところが多い。よく言われるように、自転車の乗り方について、ペダルのこぎ方やハンドルの握り方をことばで詳細に説明されても、すぐには乗れるようにならない。乗り方について、言語で説明しきれないところがあるからである。このような言語的に明確化できない包括的な知識を、マイケル・ポラニー（Michael Polanyi）は、「暗黙知」（tacit knowledge）と呼んだ。

暗黙知は、二つの構造からなるとポラニー（一九八〇）は言う。一つは知の近接項、もう一つは知の遠隔項である。彼は、洞窟を探検するときの探り杖の使い方や、盲人が杖をつきながら歩くときの杖の使い方を例として述べている。

最初は、杖から指や手のひらに衝撃を感じるだけであろう。しかし、次第に慣れてくるにつれて、杖が手に与える衝撃であったのが、杖の先でつついている物体と杖が接する点についての感覚へと変化してくる。「我々は、手の中の感覚を、杖の先にあって我々が注目しているところの意味との関連において関知するようになる」（二七頁）。このときの「手の中の感覚」が近接項であり、「杖の先にあって我々が注目しているところの意味」が遠隔項である。さらに「我々は暗黙知という行為の近接項を、その遠隔項の姿の中に感知している」（二五頁）とポラニーは、言う。

授業者である西野さんは、暗い洞窟で足下のでこぼこした岩や窪みを杖で探知するように、授業の中で話し合う児童の様子を彼らの表情や仕草、何気ないつぶやきから読み取り、授業の進行や、次の単元でさらに深化させるべき話し合いの課題などについて、考えている。

その児童の様子の読み取りの時に、西野さんは児童の内面へ「仮想的身体」（宮崎・上野、一九八五、一六九頁）を派遣して、彼らのこれまでの文脈も勘案しながら、彼らの思考している内容を想像していると考えることが可能であろう。同様のことを佐伯（一九七八、八二頁）は、「モデル的擬人化」とも言っている。

西野さんが、仮想的身体を派遣して、児童の内面を豊かに想像しながら、授業の次の進行を考えていくというような知の近接項は、西野さん自身は言葉で説明しがたいところがあるし、坂本さんからも見えにくい。

そこで、坂本さんがしたことは、遠隔項からアプローチする方法である。杖が手のひらに与える感触や、手が杖に伝える力の加減などの近接項は、第三者からは見えない。しかし、遠隔項としての杖と地面の接点の様子は、第三者からも見ることができる。坂本さんは、児童になってみた。つまり児童の側から授業を見てみたのである。つまり、西野さんが創り出している学びの世界は、児童からはどのように見え、感じられるのか。そこから西野さんが仮想的な身体を派遣して感じるところを、坂本さんは自分の身で体験し、さらに周りの児童の具体的なコミュニケーションの様子から体験していったのである。

これに加えて、坂本さんは授業後の省察で、西野さんから言葉で明示的に語られる説明で補いながら、暗黙知としての実践的方略を理解していったといえよう。

2　なじませていく

その経験をもとに、坂本さんは自分の授業に西野さんの授業のやり方を取り入れていく。しかし、それは一筋縄ではいかない。坂本さんは次のように言う。

「できるものと、できないものとがありました。お話グループを聞いて、すぐ作ったんですけど、それは私は消化できなくて、今まだ毎年挑戦中という感じ。」

――難しいっていうことは、ほかにいろんな前提条件があるからですか。
「その技法がまずありますよね。でも、その技法と西野先生の人間性が絡まって、初めて成り立つんやと思うんですね。だから、先生のやってること、最初はそのまま真似するんですけど、そのままではやっぱり私も自分のものにはできなくて。そこに自分なりの切り込み方とかやって、何回か試行錯誤したら、ちょっと自分なりのものができたりっていう感じですね。」（イン①）

坂本さんが言う「自分なりのもの」は、教師の実践的知識（practical knowledge）である。実践的知識とは、「授業をめぐる経験の中から形成された、さらには経験の積み重ねの中でしか形成されえない状況依存的で多面的・個性的な見識」（藤原・遠藤・松崎、二〇〇六、六頁）である。

坂本さんは、西野さん独自の文脈で形成された実践的知識を自分の文脈の中で「再文脈化する」ことで、自分のものにしようとしているのである。坂本・秋田（二〇〇八）は、Little（2003）の研究によりながら、授業実践を言葉で表現した「実践の表象」は、授業の具体的事実から「脱文脈化（decontextualizing）」されているという。そのためにそれを聴く側の教師たちは、自身の経験や知識、事実関係の情報に基づいて推論し再解釈する「再文脈化（recontextualizing）」を行う（九九頁）。

坂本さんが、自ら児童の中に飛び込んで得た知や、西野さんから聴いた話などによって作り上げた実践の表象も、「脱文脈化」されているところがある。まだそのまま自分の実践に適用できるわけではない。そこには、「技法と西野先生の人間性が絡まって」いる複合的な状況がある。したがって、「再文脈化」し、自分の実践として「はまりどころを見つける」（ショーン、二〇〇一、八八頁）ために、自分にしっくりとなじませていく必要がある。

こうして、坂本さんが西野さんの「子どもたちが自分で活動し学ぶような授業づくり」に学びながら、しっくりとなじませていく過程として教職五年目の二〇〇七年に取り組んだのが、谷川俊太郎「春に」（六年生・三学期）である。その子どもたちは、三年生の時に担任している子どもが多くいる学年であり、五年生からの持ち上がりである。非常に気心の知れた子どもたちである。

全一八時間かけて、様々な詩を読んだり、自分で詩を作ったりする単元を展開した。この詩の学習指導にあたって、坂本さんは多くの詩作品を読ませるところから入っている。

「これも（西野先生の）真似なんですけど、詩を読んで各自が思ったことをプリントに書かせて、それを事前にわたしが全部見ます。この疑問をみんなで考えさせようとか。それを『春に』の詩を使うまでにいろんな詩で、ちょっとずつ慣れさせていこうかと思ってやってました。」（イン①）

こうして坂本先生は、西野先生の詩教育実践の模倣から入った。しかし授業は、その「技法と西野先生の人間性が絡まって、初めて成り立つ」ものであったから、西野先生のようにはうまくいかない。そこには、葛藤があった。とりわけ、坂本学級には特別支援が必要な四人の児童がいた（以下の児童名はすべて仮名）。サトル君は、感情の制御がうまくできない子どもである。スグル君は人との距離感がうまく把握できない子どもである。またナツ子さんは、空間把握が不得意で幼さも残る子どもである。マサル君は、知的障がいを持ち、感情を伝えるのが不得意な子どもである。この四人の子どもたちをクラスの中にどう位置づけていくのかが二年間の持ち上がり経験の中で最も苦労したことであった（イン③）。西野先生流の「子どもたちが自分で活動し学ぶような授業づくり」をするには、この四人の子どもたちが、クラスの他の子どもたちと相互に支え合いながら、コミュニケーションをはかることができるようになるのが必要である。

坂本先生は、二年間にわたって、西野先生のやり方を自分の学級の子どもの実態に合わせて、特に先の四人の子どもたちを意識して、改良を重ねていった。例えば、文学教材の授業である。西野先生はしていなかったことであるが、子どもの意見から授業を組み立てるために、坂本さんは子どもの感想を一枚の紙にまとめておいた。坂本さんは、授業中にそれを時々見て、子どもから意見を出しやすい発問を臨機応変にするように工夫した。こういう積み重ねの中で、四人の子どもたちが、クラスの他の子どもたちと相互に支え合い、積極的にコミュニケーションをはかっていくようになっていった。西野先生流の「子どもたちが自分で活動し学ぶような授業づくり」が少しずつできるようになった。こうして坂本先生は、特定の四人に注目することで、自分なりの「はまりどころ」を見つけることができたのである。

四　たとえてみることで拡張する——六年目の実践［二〇〇八年度］

1　音楽の授業での気づき

(1)　初めての一年生担任

六年目を迎えた坂本さんは、初めて一年生を担任した。それまでは、二年目に担任した三年生を除いて、高学年の五・六年生ばかりを担任してきたのである。それが六年目にして初めて低学年、それも一年生を担任した。比較的順調に初任期を過ごしてきた坂本さんは、ここに至って教師としての最初の転機にさしかかった。一学期の授業とりわけ、音楽の授業がつらくなったのである。教師も児童も授業の中では暗く、躍動感がなかった。坂本さんは、次のように言う。

——坂本さんは、音楽という教科の本質を音楽性であると考え、それを教えないといけないと思い込んでいたようなところがあったのですか。

「はい、そうですね。強弱をつけて、歌えるようになるとか。優しい声で歌うように、上手に歌うとか。他の先生の授業を見て、強弱をつけているところが「すごいすてきやな」と思ったら、なんで強弱をつけるといいのかを考えるのではなく、そのすてきな（強弱をつけるという）ところだけを目指して、あれと同じように歌わせたいとか。結局、音楽の授業が、私も子どもたちも楽しくなくなっていきました。」（イン①）

高学年を担当することが多かった坂本さんは、音楽科で教えるべき教科内容を必要以上に意識していた。それで、児童も教師も音楽科の授業が楽しくなくなっていったのである。

(2) 楽しむこと

一学期の授業のこのようなつまずきを夏休みにあった自主的な研究会で話したところ、筆者や西野さんはじめメンバーから次のようなアドバイスを受けて、坂本さんはひらめくことがあった。

「一年生ってすべての学習のスタートやし、『楽しい』って思わないと、これから先もしんどいし、『最初の入り口で楽しいことをいっぱい体験させてあげてほしい』っていうのを言ってもらいました。私は、『ああ、ほんま、一番大切なことを忘れてたな』と思ったんです。」(イン①)

このようなヒントで坂本さんは、自分が教科内容を教えることに拘泥する余りに、低学年で大事な「楽しむ」ということを忘れていたのではないかと、ふと思い至ったのである。さっそく、坂本さんは楽しい授業のアイデアを集めにかかる。音楽科の授業が得意な大学の後輩に聞くなどして、まねっこ手拍子、リズムカード、ドレミカードを導入したり、「スピード変えて歌いましょう」という学習指導を二学期に行った。その結果、子どもたちは音楽の授業が「おもしろい」と言ってくれるようになった。子どもたちが「おもしろい」と言うようになると、坂本さんも音楽の授業に張り合いが出てきて、音楽科の授業づくりをおもしろいと思うようになった。

2　たとえてみる——音楽科の授業から他の教科の授業へ

一年生担任の二学期は、この音楽の授業をきっかけに、他の教科の授業も全部変わっていった。坂本さんは言う。

「音楽の授業を一番変えましたけど、他の授業も、『これ、楽しいかな』っていうのが、全ての基準になりました。国語、社会は、導入の仕方はいつも、絶対考えるようにはしてたんですけど、そこにプラス、どれだけ子どもらが楽しんでいるかなっていうのは、高学年を持っていたとき以上に考えるようになりました。」（イン①）

坂本さんの授業観は、初め教科内容を教えることを中核にしていたのが、ここにいたって児童にとって「楽しい」かどうかということを基準にするように変化していったのである。初めて低学年の音楽科を担当して、改めて気づいたことであった。

ここでは、坂本さんはアナロジーによる思考を行っている。アナロジーとは、二つの物事の間に類比の関係を見つけていく類推思考である。坂本さんの一年生の音楽科では、児童が中心となって活躍し、楽しさが躍動する授業の構造があった。その成功体験を基盤に、他の教科、他の学年の授業の構造に適用したときに、相似関係的に成り立ちうるという見通しが立った。

さらに重要なのは、坂本さんが低学年音楽科での「楽しさ」基準の授業を他の教科や他の学年での学習でも実現したいというビジョンと思いを持っていたことである。これらがあって初めて、創造的なアナロジーによる思考が行われるのである。そのとき重要なのは、他者の存在である。

「やっぱり一人だったら何があかんのかって、ずっと気づかなかったと思うんです。でも研究会に来て話を聞いたり、いろんな同僚に話を聞いたりするのは、大きいなって思いました。全然自分とは違う視点からポンッと聞くと、それまでこり固まっていた考えが、すーっと風が通ったみたいにほぐされました。」（イン①）

「全然自分とは違う視点」が他者から与えられることによって、アナロジーによる思考が活性化していくのである。こういう柔軟な姿勢、伸びやかな感性があるからこそ、坂本さんはアナロジーによる思考ができたといえる。

五　学校文化とメンター

先に紹介した、二〇〇七年度に坂本さんが取り組んだ詩教材の学習指導にあたって、西野さんは、前任校の同僚を紹介し、坂本さんはその人に西野さんと共に休日に会って、詩教材の学習指導の仕方を教えてもらったり、詩の授業ビデオを貸してもらったりしている。

このように、西野さんは、自分の授業を公開したり、放課後の「二人反省会」をするだけではなく、自分の人脈を惜しげもなく紹介して、坂本さんの実践力向上につながるような支援をしている。西野さんにも家庭があり、放課後や休日は貴重な時間であるはずだ。自分の事だけで精一杯という教師も多い。そんな中で、西野さんに、どうしてそのように坂本さんと関わっていくのかを聞いた。すると西野さんは、本当にやる気がある人は、周囲が育てていかないといけないという意識があるという。

「だから、自分から、『教えてください』って、聞きに行くのは大事かな。私、B市で育ててもらったでしょ。B市ではね、いくら立派なことを言っても、研究授業を公開しない人は、認められない。授業が全て。授業で勝負と、たたきこまれてきた。申し訳ないけど、A市に来て、一番ギャップがあったのは、そこね。」（イン①）

そんな西野さんの思いを受け止めたのが、若き坂本さんであった。

「それまでは、私は研究授業をあんまりやりたくないと思っていました。去年したし、今年は絶対免れるやろうという考え方やったんです。『絶対したほうがいいよ』って西野先生に言ってもらってから、毎年、研究授業をするようになりました。授業で勝負ということを感じます。」（イン①）

「授業で勝負」。B市の学校で脈々と受け継がれ、西野さんが育てられてきた学校文化である。西野さんはそれをA市の学校に来ても創り出そうとした。A市の学校には希薄であった「授業で勝負」という学校文化を共に創り出し、継承しようとしたのが、坂本さんということになろう。

吉永（二〇〇七、一四二頁）は、学校文化の特徴を次のようにまとめている。

「具体的な出来事の中での、人と人との関係、そこで使用されるコミュニケーションの様式や道具、暗黙の規範やルールとなって、学校の環境に埋め込まれている」のであり、……「日々の学びの場にどのように参加し、そこで起こる出来事をどのように解釈するかという、出来事の意味づけや価値の生成の中にある認識と語りが共有され浸透していく」過程に学校文化の継承をみることができる。

西野さんは、B市の「教師は授業で勝負」という学校文化の中で育ち、その環境の中に埋め込まれた実践的知識をその状況の中で身につけてきた。これはある意味で徒弟制の学びと似ている。佐藤（二〇〇九）は、職人としての教師の技や技法の伝承を徒弟制の学びにたとえている。徒弟制においては、親方や先輩がモデルを示し、初心者はそのモデルを模倣することによって実践のスタイルと技を身につける。こういう自らモデルを示して後輩を育てる親方や先輩を「メンター」という（六三〜六四頁）。

西野さんは、まさしくB市の学校文化を身につけたメンターなのである。したがって、西野さんがA市に来て、坂本さんに自分の実践的知識を伝えようとするとき、「教師は授業で勝負」という価値観が埋め込まれた学校文化を共有することが必要であったのだ。

もちろん二人が所属するA市の学校の中で、「教師は授業で勝負」という価値観がすぐに主流になったわけではない。むしろ反発も多く、その中で、賛同してくれる仲間を増やしていきながら、「教師は授業で勝負」という学校文化を広げていったのである。その文化の中で、坂本さんは、先に挙げたような実践に関わる省察を繰り返して、成長することが出来たといえよう。

六　まとめ

1　学びの過程としての四つの契機

小学校での教職経験四年目から六年目の教師が、初任期から中堅期に向けて力量形成していく過程を授業分析を通して事例的に研究した。その結果、以下の点を明らかにすることができた。

①なってみることで暗黙知を理解する

教師が、児童の内面を豊かに想像しながら、授業の次の進行を考えていくというような暗黙知は、自身は言葉で説明しがたいところがあるし、他者からも見えにくい。したがって、第三者が模倣しようにも難しい。そこで、坂本さんがしたことは、児童になってみて、児童の側からの見えを体感するという方法である。「なってみること」で、外から見えない暗黙知を理解する道を見いだした。

②なじませていき「はまりどころをみつける」

「脱文脈化」されている実践の表象を葛藤しながら「再文脈化」し、自分の実践として「はまりどころを見つける」ために、自分の授業スタイルにしっくりとなじませていく必要がある。坂本さんは特定の子どもたちに注目することで、このはまりどころを見つけていくことができた。

③たとえて広げる

坂本さんは、音楽科学習からのアナロジー思考によって、他教科・他学年に、「楽しさ」という授業のデザインの基準を広げていった。たとえて広げるという方法である。その思考を促進するものは、授業や学習者をこのようにしていきたいというビジョンと強い思いである。それから、自分とは異質な他者の存在である。

④学校文化の中で省察する

実践的知識が、ベテランの教師から若手の教師に伝承されるとき、断片的な知識が習得され応用されるわけではない。ベテランのメンターが持つ価値観が埋め込まれた学校文化に若手の教師が参加して、共にその学校文化を創り上げ拡張するその過程で、省察を繰り返して学んでいくのである。

2　アプロプリエーションとしての学び

以上四つの学びの過程は、アプロプリエーション（appropriation）ともいえよう。ワーチ（二〇〇二）は、ヴィゴツキーやバフチンのアイデアを拡張して、「専有（appropriation）という用語を、他者に属する何かあるものを取り入れ、それを自分のものとする過程」（五五頁）とした。坂本先生の学びは、このアプロプリエーションにほかならない。佐藤公治（二〇〇八）は、「具体的な経験や身体感覚に基づいて物の状態や性質をすみずみまで知り、自分のものにするというニュアンス」に一番近いのが、アプロプリエーションだという（四八頁）。坂本先生は、児童になってみて、児童の側からの見えを体感するという方法で、外から見えない暗黙知を身体感覚で理解した。

また、アプロプリエーションに伴う「軋轢」や「葛藤」(ワーチ、一九九五)は、発達や変化の原動力になる。坂本先生は、「脱文脈化」されている実践表象を「再文脈化」するために、多くの「葛藤」を経験した。特定の子どもたちとの「葛藤」が、坂本先生の試行錯誤の実践を先導し、「はまりどころ」を見つけていったのである。

さらに、藤原(二〇〇八)は、アプロプリエーションの特徴を「文化的道具に『媒介された』共同的な『行為』=活動」であるとしている(一〇頁)。坂本先生は、アナロジー思考という「文化的道具」に媒介されながら、「教師は授業で勝負」という学校文化共同体をメンターの西野先生と共に創りあげ拡張していく中で、自らを成長させていったのである。

注

(1) インタビューは、第一回二〇〇八年一二月(イン①)、第二回二〇〇九年三月(イン②)、第三回二〇一一年一一月(イン③)と行われた。坂本さんの実践報告を語り合った研究会での討議の記録も六回分(二〇〇九年一二月～二〇一一年三月)ある。

文献

藤原顕・遠藤瑛子・松崎正治(二〇〇六)『国語科教師の実践的知識へのライフヒストリー・アプローチ――遠藤瑛子実践の事例研究』渓水社
藤原顕(二〇〇八)「アプロプリエーションとしての国語科教科内容の学習」『国語科教育』第六四集、全国大学国語教育学会、九一―一〇頁

Little, J. W. (2003) Inside Teacher Community: Representation of classroom practice. *Teachers College Record*, 105(6), pp.913-954.
宮崎清孝・上野直樹（一九八五）『視点』東京大学出版会
ポラニー、M／佐藤敬三訳（一九八〇）『暗黙知の次元』紀伊國屋書店（Michael Polanyi (1966) *Tacit Dimension*. London: Routledge & Kegan Paul.）
佐伯胖（一九七八）『イメージ化による知識と学習』東洋館出版社
坂本篤・秋田喜代美（二〇〇八）「授業研究協議会での教師の学習」秋田喜代美他編著『授業の研究教師の学習』明石書店
佐藤公治（二〇〇八）「ヴィゴツキー発達理論と社会文化的アプローチ――ワーチの研究」田島信元編『朝倉心理学講座⑪文化心理学』朝倉書店
佐藤学（二〇〇九）『教師花伝書――専門家として成長するために』小学館
ショーン、D／佐藤学・秋田喜代美訳（二〇〇一）『専門家の知恵――反省的実践家は行為しながら考える』ゆみる出版（Schön D. (1983) *The Reflective Practitioner: How Professionals Think In Action*. NY: Basic Books.）
ワーチ、J・V／田島信元他訳（一九九五）『心の声――媒介された行為への社会文化的アプローチ』福村出版、（James V.Wertsch (1991) *Voices of the Mind: Sociocultural Approach to Mediated Action*. Harvard University Press.）
ワーチ、J・V／佐藤公治他訳（二〇〇二）『行為としての心』北大路書房（James V. Wertsch 1998) *Mind as Action*. Oxford University Press.）
山﨑準二（二〇〇二）『教師のライフコース研究』創風社
吉永紀子（二〇〇七）「子どもの育ちを語り合う学校で教師が育つということ」グループ・ディダクティカ編『学びのための教師論』勁草書房

第七章　中堅期からの飛躍

――「協同的な学び」との出会い

森脇　健夫

一　はじめに

中堅期とは、初任期の十年を過ぎた三〇代から四〇代後半にかけての時期である。教師のライフステージとしては、学級担任や教科担任として相当の経験を積み、自らの授業スタイルを一定確立させ、学年や学校、といったより広い視野に立った指導や支援が求められる時期である（教養審第三次答申　一九九九年）。初任期と比べると、子どもの姿を的確にとらえることができ、安定的に教育実践を行える時期だと言えよう。

しかしながら一方、「指導力不足教員」と認定された教師の年齢構成を見ると、約八割が四〇、五〇代の教員であることも事実である（文部科学省、二〇〇八）。

こうした中堅期の危機について、「詰め込み教育を行ってきたが、考えさせる授業への変化に対応できないベテラン教員に、この傾向が表れる」とする文科省の分析のような「教育実践の硬直化」（「化石化」）と一般的にはとらえられるが、川村（二〇〇三、一七九頁）は「たとえ力量のある中堅教師でも、教育実践の『不確実性』によって、常に危機《［ママ］》な状態へ陥る危険性がある」ことを指摘している。

中堅期とは、初任期においていったん確立した教師としての「観」と「授業スタイル」が根源的に問い直しを求められる時期なのである。なお「観」とは、教師の実践的思考の内的世界を統一する核となり授業実践を創りだすものである。実践を営む際、あるいは評価する際にも教師の働きかけや評価に根拠を与えるのが「観」である。また「授業スタイル」とは「観」が具体的な技術や方法によって肉付けされ具体的な姿となって表れたものである。（「観」と「授業スタイル」については森脇、二〇一〇a、二〇一〇b参照）。

ところで、その危機を乗り越える契機については、配偶者や大学院で出会った人などの他者の存在（川村二〇〇三）や学校や研究サークルなどの教師コミュニティ（高井良、一九九五）の重要性が指摘されている。だが多くの教師が所属する学校の役割についてはあまり多くは語られていない。

ライフステージとしての中堅期にある教師が、自らの「観」を問い直し、いったんつくりあげた「授業スタイル」をどのように変革していくのか、学校という場におけるその契機や過程を教師の内面においてとらえてみたい。

その際、三重県のある地方の一つの公立中学校に焦点をあてたい。S中学校としておこう。全校生徒およそ百名程度のどちらかといえば小さな学校である。S中学校は他の公立中学校と同様、一定の年限のもとに教師の転出、転入のある中学校である。また世代も各世代に分散しており、個々の教師のライフヒストリーにおけるこの学校の在籍の意味はまちまちである。教師としての誇りは持っているとはいえ、いわゆる附属の教師や特別な教師（スーパーティーチャー）のような教師ではなく、普通の教師によって成り立つ普通の学校である。

ただ、この学校では三年前から「学びの共同体」（佐藤学提唱。近年、「学びの協同化」の主張と実践が教室現場に大きな影響を与えつつあるが、その一つの運動、実践の主張と考えてよい）を本格的に研究の中心に据えて授業改革を行ってきた。そうした教師たちが、このS中学校で「学びの共同体」という研究テーマとどのような出会いをしたのか、を探ってみたい。学校をベースとする実践研究が中堅期の教師たちの新たな飛躍のスプリングボードに成り得たのかを検証してみたいと考えたからである。

佐藤は学校の内からの改革の必要性を指摘し、授業研究を核とした学校改革の展望を示そうとした。「学校を子どもたちが学び育ち合う場所とするだけではなく、教師たちが学び育ち合う場所にし、さらに保護者である親たちも学校の教育活動に参加して学び育ち合う場所とすること」（佐藤、二〇〇三、二三〇頁）と述べている。このビジョンは実際にどのように具体化され、実現されていくのだろうか。岳陽中学校（富士市）や浜之郷小学校（茅ヶ崎市）のようなパイロットスクールの経験は報告され、文字化され、モデルとして知れ渡っているが、「学びの共同体」による学校改革は本当に「地に足のついたもの」になっているのだろうか？　学校の日常にさまざまな問題や課題を抱える「普通の教師」が、この課題とどう向き合い、自らの授業変革を行おうとしているのであろうか？

そこで、次のようなライフヒストリーのインタビューをすることにした。対象は校長の福田校長

（以下、S中関係者の氏名はすべて仮名）及び六名の教師である。S中学校は、学校のホームページによれば、学級担任の教師の数は一二名であり、六名といえばその半数である。授業を参観し、記録を採った上で平成二三年一〇月から一二月にかけて、それぞれ、ほぼ一時間のインタビューを行った。その中で三名の教師（川上、八田、塚田）のインタビューの内容を紹介したい。個別事例として特徴のある（「学びの共同体」に対して積極的〜消極的）事例であると同時に中堅期での自分自身の「観」の問い直しが一つの大きなテーマになっているからである。

二　S中学校での教師たちの経験

1　S中学校の研究の歩みと筆者のかかわり

S中学校の最近の研究の歩み（二〇〇二年度〜）をあえて時期区分をすれば、三つの期に分けることができる。第一期は「基礎・基本を身につける」「剥落しない学力を身につけるには」ということが課題になった時期である。この背景には、前学習指導要領の告示直後から学力問題が教育問題として浮かび上がってきたことがある。文科省が低学力批判の世論を受けて、「学びのすすめ」（二〇〇二）を公にし、具体的な施策として「学力向上フロンティア事業（二〇〇三〜五）」、「学力フォローアップ事業（二〇〇六〜）」を打ち出していった。S中学校での研究もこの事業に乗る形で始まった。

第一期のS中学校は教材研究の深化によって、生徒を授業にひきつけ、文化（教科内容）をできるだけ文脈的に（さまざまな文脈の中で）理解する授業が試みられた。例えば地域社会の食文化を授業の中に持ち込んだり、漢文の授業で中国の詩人の「生きざま」が語られたり、といった授業である。学力問題が全国的には、成果主義をもたらす中、三重県、とくにこの地域にあっては、学力問題は授業研究の機運をつくりだし、その機運を後押しすることになった。

筆者がS中学校にかかわりだしたのは、二〇〇三年度からである。S中学校の状況も、おそらく従来の授業研究の「やり方」を踏襲したものだと思うが、いくつかの教科をまとめたグループが中心となって指導案づくりに熱意を入れていた。教育委員会の指導主事も学校に入りそこにかかわっていた。当時の授業後の検討会では、教科の枠を越えて「モノを言う」ことに遠慮があり、「〇〇のことはよくわからないが」という「枕ことば」を使いながら検討が行われていた。筆者は、教師の教材研究の深まりが、授業において生徒の文脈的理解をつくりだし、そのことによって「剥落しない学力」が身につくのではないか、ということを校内研究会においてコメントした。

そしてその中で課題として浮かび上がってきたのが「フロアの関係性」の問題である（第二期二〇〇四年度～二〇〇九年度）。「フロアの関係性」というと分かりにくいかもしれないが、いわば生徒どうしの関係が授業の中でつくられていないし発揮されていない、という問題意識が教師の間に共有され始めたのである。教師の授業は深い教材研究にもとづく教材づくりに主眼が置かれていたため、教師の教材の豊かさ、面白さで生徒を引き付けることはある程度できていたが、反応や発話は教師と生徒の関係の中にとどまっており、教室全体に広がっていかなかった。教材研究⇩授業、とは別次元の問題として生徒どうしのコミュニケーションをどうつくっていくか、ということが問題になったのである。授業研究は「学びの共同体」などの協同学習の影響を受けながら、学びの協同をどうつくりだしていくかが課題となり、その中で、試みられたのがグループ学習であった。グループ学習が取り組まれた最初の当時は、グループ学習を授業のどんな場面で取り入れたらいいのか、また生活班（六〜七名）と学習班は分ける必要があるのか、等が議論された。教科の壁は、授業研究の焦点が生徒の学びに当てられていくことによって乗り越えられるようになってきた。

そして「学びの共同体」をはっきりした形で学校の研究テーマに据えることになるのが、福田校長が赴任した二〇一〇年度以降である。この時期を第三期とする。福田校長のリーダーシップのもと、「学びの共同体」を中途半端に取り入れるのではなく、元岳陽中学校校長の佐藤雅彰を招へいしたり、「学びの共同体」の研究会に教師を複数派遣したりしながら、その基本的なコンセプトや学習形態、ペア学習やグループ学習（四人男女市松模様の学習班）、また「コの字型学習」（生徒どうしが意見を言いやすいように机をコの字のように配置すること）を授業の中に取り入れることを推し進めてきた。

2　「学びの共同体」と教師の出会い

「学びの共同体」は当初学校改革の運動として提唱されたが（このあたりの経緯については、森脇、二〇一〇c参照）、全国的に教室実践としても広がりを見せている。中学校では長らく授業研究は空白になっていた。三つの指導（生徒指導、部活の指導、進路指導）の忙しさ、また「教科の壁」が校内における授業研究を妨げてきた。

三重県のこの地方においては「学びの共同体」がこの壁に風穴をあける一鎚になったことについては疑いない。学習形態（グループ学習、ペア学習）の研究、また生徒の学びを中心とした授業研究は教科の壁を乗り越え、同僚性の確立による教師の学び合いの大切さを改めて気づかされるきっかけとなった。指導案の作成に汲々としていた教師たちは、授業デザインという「身軽な」指導案の作成が推奨されることにより気軽に授業公開ができるようになり、授業の振り返りにエネルギーを割けるようになった。こうした動きは中学校における授業研究文化のルネッサンスと呼べるような状況を生み出しつつある。これまで何十年と一度も授業を公開しなかった教師が年に何回か授業を公開しだしたのである。

S中学校においてはどのように研究が始まったか。まず「学びの共同体」を研究の柱として学校のビジョンの中に位置づけ、強力に推し進めてきた福田校長の課題意識を聞いてみた。氏は長らく教育委員会の人権教育担当の指導主事として在籍していたが、次のような経験を持っている。

「当時、差別事象が頻発している学校があって、そこで教師のかかわりが大事とか、そういう話が人権教育に関わってあったわけですけど、その学校はなかなか授業を見せてくれなかったですね。で、発表会の直前に、ある教科の授業を見せてもらったんです。その授業を見た時に、授業が成り立っていなかった。その状況を見てこれは本当に子どもが人権を学んでる姿なのかと疑問を持ちました。授業の成立がなければ人権教育をするっていうことにはならないのでは、との思いを持ったのです。」

また、教頭として赴任した最初の学校の規模が小さく、教科の専門性にもとづいた研究が成り立ちにくい、ということも「学びの共同体」に関心をもった一つの理由だった。

「実践研究を深めていく時に、一人で専門性がどうのこうっていう話は成り立たない、共通の土台に立つことがどうしても必要なのです。その中心に位置づくのは子どもだということです。」

その当時、伊賀のその学校に来てもらった佐藤雅彰（元岳陽中学校校長）との関係を今日でも大事にしている。そして校長として初めて赴任したS中学校において、本格的に「学びの共同体」を進めていくことになる。その思いを聞いてみた。

「（授業には）いろんなやり方があっていいのですけど、（うちの学校でも）ぜひいろんなやり方を学んでほしいと思っています。子どもとの接し方、声かけ、またグループ学習やコの字型の机、子どもを仲間とともに高める、そういうやり方を一回実践してみる。自分が学ばないとそのまま固まってしまう、次のステップはないと思うんです。」

福田校長が授業研究として学校をあげておこなってきたことは、教師各人が年に二回は授業を公開すること、研究授業では方法論としてペア学習やグループ学習を一時間に一度は取り入れること、複数の教師を「学びの共同体」の研究会に派遣すること、また校内研究会には佐藤雅彰を招き、地域や外部に公開することであった。

学びの共同体を取り入れるという際、とりあえず学習の形態（ペア学習、グループ学習、コの字型配置）を導入する、というのがおそらく第一ステップであろう。方法論に還元されてしまうことを当初佐藤学自身警戒していたが、現場は目に見えるものを求めていた。当時の議論でよくあったのが、グループの編成の仕方（生活班―六人を学習班にしてよいか、男女混合でなくてもよいか）などの議論であった。

福田校長の方針の特徴は、その第一ステップはもちろん踏むが、「学びの共同体」についてきちんと学習し、ねじ曲げたりしないで取り入れること、また直接学習する機会をできるだけ設け教師の疑問や問題を解決していこうとしていること、また「学びの共同体」を柱に置きながらもその向こうに授業研究を中心とした研究コミュニティづくりを構想していた点にある。これまでの教育方法論の多くがそうであったように、この「学びの共同体」を方法論に還元し、現実との妥協の上に中途半端な形で取り入れ、効果がないと流行がすたれるように自然消滅という轍を踏みたくなかったのである。

3　教師たちはどのように「学びの共同体」と出会ったか？

しかし、個々の教師においてこの「学びの共同体」との出会いは「単純」ではない。

筆者はインタビューするにあたって、授業の参与観察をするとともに記録を採った。そして半構造化インタビューを次のようなインタビューガイドラインに沿って行った。

①　経歴（とくに自分自身の力量をどのように身につけたか）

これまでの同僚の中で影響を受けた人はいるか？

各教科の分野で影響を受けた教師がいるか？

理論とか方法で影響を受けた人がいるか？

②　S中学校へ赴任してからの授業研究について

「学びの共同体」に関するスタンスの履歴

理解の深まりと実践の変容

「学びの共同体」の意義と課題について

学校の授業研究と個人の授業研究との関係についてどのように感じるか

二〇一〇年度、学校の研究方針として「学びの共同体」が柱に据えられた。

まず川上さんを取り上げよう。川上さんはこの間、研究主任をしており、「学びの共同体」を実践化する中心メンバーの一人である。

川上さん（教員歴三十六年、S中学校歴十年・数学）は、これまで、授業においては基本的には教科書を使わずに、教科書の例題をプリントにして、教材・教具を使いながら解かせるという授業スタイルを貫いてきた。その原型をつくりあげたのは、初任期の頃に参加していた数学教師の自主的なサークルだったと言う。川上さんは数学の教材・教具をたくさん開発してきた。筆者は十年来、川上さんの授業を見てきたが、職人気質の緻《ち》密な授業をする教師である。しかしながら彼によると、その教材・教具で数学教科書の内容をすべてカバーできるわけではないので、教材・教具を自分が持っている分野でしか公開授業はやってこなかったと言う。集団学習については、グループ活動（六人）をたまに使ってはいたけれど、基本的には「すべて教師が教えなければならない」と考えていたし、そのグループも「できる子が教師の代役となってできない子に教える」ためのものであったと言う。

意識が変わったのは、二年前に「熱海」(1)に行ったときの経験であった。二日目にビデオでの授業検討で、実際に「学びの共同体」の授業を見て、「なるほどこういう授業もあるのだ」と感じた。そしてその二学期からやり始めたとのことである。「なぜ、やり始めたのか？ 自分の授業に問題を感じていたのか？」という質問に対し、川上さんは次のように答える。

「一斉授業では、教室の中のやはり三分の二ぐらいの生徒は、切り捨ててきたのではないかと思います。でも、逆にその子らに焦点に当てたら、今度上の子にとってはまたつまらない授業になってしまいます。習熟度別学習でない限り、どうしても中ぐらいの子に焦点を当てることになるのだけど、上は上で伸ばすことができないし、下は下ですくい上げることができない。そんな状態のままきていたとの思いがずっとありながらもどうしたらいいのかはわからなかったのです。その当時は僕が黒板に図を描いて、視覚に訴える、あるいは教具を見せて、やらせてみる。そんなことで特に低学力の子に参加させるしか出来なかったのです。」

二学期、コの字型やグループ学習を始めたが、川上さん自身はとくに変化を感じなかったと言う。

「コの字にしたもののいつそのグループの形を取ったらいいのか、まだ分かりません。しかも時にはコの字にしたまま、従来通りの一斉授業のような講義で終ってしまう時間も結構あったと思います。」

しかし、二学期の終わりに生徒にアンケートをとったところ、意外にも「受け」がいいことが明らかになった。

「二学期末ぐらいに、生徒に私独自でアンケートをとりました。コの字にしたけどどう、あるいはそのグループ学習、時々取り入れたのはどうとか、です。子どもはね、反応が非常に肯定的で、どうしてもいやだというのは、各クラスに一名、二名だった。それもコミュニケーションがとれないことが原因でした。」

それを契機に川上さんは本格的に「学びの共同体」を取り入れた数学の授業をつくろうと考えるようになった。一斉授業で行っていたときと教材・教具は変わらないが、授業展開としては課題をグループ中心で解決することが主となり、川上さんは、生徒どうしを「つなぐ」役割に徹するようになった。

次にとりあげるのは八田さん（教員歴二十二年・S中学校歴四年・国語）である。八田さんがS中学校に赴任したのは比較的最近であり、「学びの共同体」との出会いもこの学校が本格的に研究の柱としてからである。八田さんは少し「学びの共同体」に対して距離を置いてみている。しかしながら、校内で教師たちが授業を介して学び合うことについてはとても前向きである。

八田さんの「観」の来歴を聞いてみた。八田さんは、自分が国語という教科を中学高校時代にあまり好きではないし得意でもなかったので「国語の中味がよくわからなくても、国語の授業は面白いなあと思ってもらえるような授業をしたいなあ、と思い続けています」と述べる。授業の基本的なスタイルは、実習で行った（三重大学）附属中学校の指導案の書き方に原型があると言う。

「教材という題材一つを分析して十何時間の指導案をつくるというパターンでやっていました」

「とにかく生徒から意見が出てこないとなかなか授業が進まないのは他の教科でもそうでしょうけど、国語の場合は特にそんなふうに思っていたから、どういう問い方をしたら発言しやすいのかな、いろんな発言が出てくるのかなということをけっこう考えていました。」

「学びの共同体」と出会ったのはS中学校に赴任した四年前のことである。そのときの感覚を次のように述べている。八田さんはまず「学びの共同体」を頭で理解しようとした。だがそれではなかなか腑に落ちない。

「（「学びの共同体」も含めて）すべてのことに、それぞれ一理あって、理屈で頭の中で処理しようと思っても、きっと心にすとんと落ちない。」

自分で授業の中に取り入れるようになってもその感覚というのは続いていく。

「始めた時は何となく形だけ、コの字であるとか、『市松グループ』(男女四人が交差するように配列されたグループの形態) であるとか、そんな形だけなのではないのかなと思ったり、なんかそれによって学校が活性化していたというのも、そういう特別な例なのではないだろうか思ったりしていました。その学校がよくなったというのは、実はそれだけじゃなくて、もっと別のところに、理由、原因があったのではないかって思ったりしました。」

八田さんが最初、抵抗を感じていたのは、一斉授業形態の授業にあまり自分自身、問題を感じていなかったということもある。

「それもありました。自分の中に工夫してきて、こういう自分なりの授業スタイルを作って、結構僕の国語楽しいって言ってくれる生徒もいるし、これ以上わざわざ違うことをなぜしなくてはならないのか、というのがありました。国語って数学と比べると、もわっとした (曖昧な―著者注) 部分が教科的にあるんですよ。そこが僕はまた逆に好きなところなのです。だから、できる子、できない子っていうのが、授業の中でそんなに『ぱん』と分かれない。よくできる子が、理屈を並べて言うことよりも、ぱっとひらめいたこと、『ぽん』ってきたのがよかったりして、それが全体的のものになって、授業が活性化していけば、一斉授業でも、僕としては楽しいと思えます。」

しかしある程度やってみるうちに次のような経験もするようになったと言う。

「一つは、コの字とかグループにすると、生徒たちは『わあ』となって、学習どころではなくなっていくのではと、一つ自分の中では心配事があったんですけど、そうならなかった。それから、プラスの面としては、やっぱりその子どもら同士の授業中の関係がいいなあと思いました。全員前に向けて、僕を注目させて勉強・授業するよりも、ちょっと分からんかった事を隣の子と聞き合う場面がでてきました。また、中に後ろまで向いて、同じグループの子と話をしている。こっちが指示しなくても、そんなことをやっている子どもたちの様子を見て、あ、これは続けていけば、そういう雰囲気をつくっていくことができるじゃないのかなと思えたのが、大きなことだと思います。」

八田さんは最後に「学びの共同体」が意外にも文法事項の授業ではうまくいき、生徒が自分の意見を交流でき、そこに意味があるだろうと考えていた文学作品の授業でうまくいっていないと自分の現状を語った。

最後、三人目に取り上げるのは塚田さん（教員歴十二年・英語）である。

塚田さんの授業のモデルは自分の母親（英語教師）である。「母が作った教材であるとか、アイディアを組み立てて、まったく同じものではないのですが使ってきました」と述べる。自分から研修の機会をもとめて英語研究者（日本福祉大学・中西哲彦、関西大学・田尻吾郎）の講演にもたびたび出かけている。「いろんなアクティビティ、導入の時のアイディア、また授業の進め方、心構えなどたくさん得るものがあります」と述べる。

塚田さんは英語を基本的には「パターンプラクティス」と考えている。五十分という時間の中でどれだけ繰り返すことができるか、多くのアクティビティを行うことができるかを考えていると言う。確かにきわめてリズミカルに授業は進み、次々と場面転換をしていく。教師は生徒が理解できるかできないかとは別に英語を使い通す。教師と生徒はそれぞれ自分に与えられたキャラクター（センシティブでデリケートな教師と英語がとても好きな生徒）を演じ通すことになる（さながら教室は「塚田劇場」のようである）。

塚田さんは、「学びの共同体」には批判的である。ペア学習は英語の活動として使うが、お互いに相談したりということではなく、プラクティスのためである。またグループ活動は取り入れないし、コの字にもしない。塚田さんの英語教育の発想（パターンプラクティス）が、「学びの共同体」のしっとりと聴き合うコンセプトやグループ学習とそぐわないと考えているからである。しかしながら塚田さんはこの学校においては、一目置かれる存在である。学力テストでの英語の成績が他の教科のテストと比べてきわめて高いこともその一因である。

若手教師の山崎さんは塚田さんの授業について次のように語る。

「今まで見せてもらって、やはり一番強烈だったのは塚田先生のでしょうかね。やっぱりその緊張感をときれさせず、常に（生徒を）活動させてた授業やったと思うので、そういう部分が、すごいなあと思いますね。（『「学びの共同体」は取り入れていませんよね』に対して）でもまぁグループじゃなくて、ペアたくさん作ってますし、子どもの活動量を高める、という意味では、コの字にしなくても、意図してるところはいっしょかな、と思います。」

4 「学びの共同体」と「観」の問い直し

以上、三人の「学びの共同体」との出会い方を一言でまとめてしまえば、三者三様の出会い方をしている、ということに尽きてしまうかもしれない。しかし「学びの共同体」を受け入れるにせよ、また拒絶するにせよ、その「出会い」には教師自身の「観」の問い直しが含まれている。つまり「折り合い」のつけ方の中に教師自らの「観」の自覚と意味づけがある。

右のようなことがなぜ起こったのであろうか？　三人の「出会い」の特徴を挙げてみる。

第一点は、「学びの共同体」が方法論（例えばペア学習、グループ学習、コの字型配置）として導入されるとしても、教師たちの「出会い」は方法論とだけではなく、その背後の理念や哲学との出会いでもあることである。辞書調べ等でグループ学習（数人の生活班）を使ってきた八田さんが、四人班での課題の遂行に不安を感じていたというのは象徴的である。学びの共同体の持つ「教師の権力の委譲」による「学習者の主体性の発揮」という「危なさ」を直感的に感じ取っている。そしてその「危なさ」が乗り越えられることによってあらたな「観」の形成へと向かっている。一方、塚田さんが「受け入れられない」のは塚田さんの英語教育観が学びの共同体の「観」と鋭く対立しているからである。「道具としての英語」「パターンプラクティスとしての英語教育」観が揺らぐ経験をするときにこの「学びの共同体」との再会があるのかもしれない。

第二点は、「出会い」自体が複雑な様相を呈していることである。福田校長の言葉にもあったが、この地域では人権教育の伝統があり「授業における仲間づくり」と、「学びの共同体」が持つ生徒どうしの関係性の構築とは親和性が高い。同時期に習熟度別学習も文科省からおりてきたが、それを受け入れた学校はこの地域ではかなり少ない。人権教育の観点から「学びの共同体」が受け入れられやすいことは、多くのインタビュイーの語るところであった。しかし教師たちの話をよく聴くと、教科の論理と微妙な齟齬をきたしている点もある。八田さんをはじめ何人かの教師はどの教材のどのポイントでグループ学習を設定したらいいのか、またどんな課題で活動させたらいいのか、教科内容・教材研究との関係を問題にしていた。教科の論理だけでは、川上さんも言うように授業が「教え込み」になり、多くのおちこぼれを出す結果におわるだろうし、「学びの協同化」だけが強調されるならば、学習を「仲間づくり」にとどめてしまう危険性も持っている（参照　森脇、二〇一二）。教科の論理と「学びの協同化」の論理をより高次のレベルでつなげていくことは今後の課題である。

三　おわりに――「観」の問い直しの場としての学校

中堅教師にとって学校という場は、自らの「観」の問い直しから新たな飛躍への契機を与える可能性を持っている。右の例は学校の授業研究のテーマとして設定された「協同的な学び」との出会いを通してという一つの事例にすぎない。「観」と出会いがあれば、設定される研究テーマは必ずしも「協働的な学び」でなくてもよい。それ以上に重要なことは研究コミュニティとしての学校という場の存在である。二点指摘しておきたい。

一つ目は、研究コミュニティとしての学校づくりである。生徒の成長や発達をうながすために集団的な探究や協働的な活動が行われなければならない。アンディ・ハーグリーブス（Andy Hargreaves）の述べる「専門職の学習共同体」としての学校である（織田、二〇一二参照）。教師たちが授業実践に関しての自分の「本音」を語ることができ、納得できるまで時間的な余裕をもつことである。教師の授業スタイルは歴史と尊厳によって成り立っている。授業実践の変革は教師の「観」の変革であり、自らのアイデンティティの再構築なのである。したがって「観」を問い直すことのできる「対話的空間」と余裕が確保されなければならない。授業研究を柱に学校改革を進めていこうとする方針はともすれば「小手先の学習形態論（方法論）」を矮小化された形でとりいれるということに終わってしまいがちであり、そこには「観」の変革は生まれない。

二つ目は、研究的なコミュニティづくりを支援する校長のリーダーシップである。「専門職の学習共同体」における校長のリーダーシップは従来のトップダウン型のリーダーシップではなく、対話型のリーダーシップが必要だとされる。その内容としてとくに指摘しておきたいのは、実践的事実の提示と共有、及び「ほんもの」とのアクセスの確保である。インタビューの中で明らかにされたことだが、教師の「観」の変革にもっとも大きな力をもっているのが生徒の変容であった。こうした事実を明らかにし共有していくことである。もうひとつは教師の疑問や問題を「ほんもの」に触れ「ほんものを理解している人」に投げかけられるようにしておくことである。この二つが実現されれば、学校は、意のある教師の「観」の変革の場として機能する。

注

(1)　二〇〇四〜二〇一〇年まで熱海市において行われた「アクションリサーチ研究会」。「学びの共同体」に関心を持つ研究者、教師が学校づくり、授業実践について語り合った。

参考文献

織田泰幸（二〇一二）「『学習する組織』としての学校に関する一考察（2）」『三重大学教育学部紀要　教育科学』第六三巻、三七九―三九九頁

教員養成審議会（一九九九）『養成と採用・研修の連携の円滑化について（第三次答申）』

川村光（二〇〇三）「教師の中堅期の危機に関する研究――ある教師のライフヒストリーに注目して」『大阪大学教育学年報　第八号』一七九―一八九頁

佐藤学（二〇〇三）『教師たちの挑戦』小学館

高井良健一（一九九五）「教職生活における中年期の危機――ライフヒストリー法を中心に」『東京大学教育学部紀要』三四、三二三―三三一頁

森脇健夫（二〇一〇a）「図解！ライフヒストリーアプローチとは何か？」『授業づくりネットワーク』No・二九六、四―七頁

森脇健夫（二〇一〇b）「教師文化と『観』の変容」『授業づくりネットワーク』No・三〇三、四―七頁

森脇健夫（二〇一〇c）「学びの共同体とは？」『授業づくりネットワーク』No・三〇五、一〇―一二頁

森脇健夫（二〇一二）「『存在論的なつながり』と『認識論的なつながり』」奈良女子大学附属小学校学習研究会『学習研究』四五六、二四―二九頁

和田玲子（二〇〇八）「同僚教師との共同作業がもたらす教育の質の向上――教師間の連携の重要性について」『鹿児島大学留学生センター年報二〇〇八』一―七頁

第Ⅲ部　閉塞状況をどう突破するか

第八章　受験体制の中で自分の教育観にこだわる

――ジレンマのやり繰りと教師の学び

藤原　顕・萩原　伸

一　はじめに

1　制度の下の学校教師

「高校三年生の進路担当になって、受験という競争原理の中で、生徒を煽り立てて『頑張らなきゃいけないぞ』という面は当然ありますね、『夏は頑張ろうな』というように。そういう教師にとっての制度的な『鎧』をなるべく付けないようにすることが、すごく難しくなっています、年齢的に。以前は、誰か年配の同僚教師がそれをやっているから、自分は何か受験のみではない実践ができるというのがあったのですが。……けれども、生徒を合格させてやりたいというのもあり、学校としても合格させなければいけないというのもある。『今年の三年生は受験なんて関係ないです』とは言えないですよね、保護者のニーズも本人のニーズもありますから。」

学校教師は、制度的に決められたさまざまな事柄に取り組まねばならない。つまり、制度的な要求にさらされる仕事である。たとえば、学習指導要領がその典型であるような国レベルの教育政策によって、教師が学校でなすべきことの中身が規定されている。また、最近では「全国学力・学習状況調査」の影響のもと、個々の学校を指導する地域の教育委員会によって、学力向上のための授業をめぐる種々の「スタンダード」が示され、教師にはその実践が求められている。(1)

さらに、右の高校教師の談話で触れられている受験体制も、そうした教師の実践を制約していく制度的なものの一つである。仮に、中学校や高校の教師が、思春期や青年期の生徒たちにとって意味のある活動——たとえば社会問題について自分なりにじっくり調査してレポートにまとめたり、自分の将来の生き方についてグループで時間をかけて話し合うなどの活動——を実践しようとしても、受験に直接役立たない、受験のための授業の時間を削れないといった理由で見送られることもあろう。つまり、日々の授業で受験を意識した内容を教えるという考え方は、中学校や高校の教師を強く縛っているものと言うことができる。

もちろん、受験体制という制度の要求にとくに疑問も感じず、それに順応していくという教師としての生き方もあろう。しかし、思春期や青年期の生徒たちの成長に寄り添う立場にある者として、何事か彼らと共同でその将来に意味のある活動に取り組むべきだ、といった教育観にこだわりを持っている教師の場合、そうした問題意識と受験体制という制度の要求との間でジレンマを経験することになる。つまり、自己の教育観に即して実践したいものの、学校という組織の中で教師を続ける以上、制度的な要求も無視できず、二つの相容れない選択肢のどちらか一方のみを採ることができない板挟みというジレンマである。したがって、問題意識のある教師は、制度的な要求をなかば拒絶しつつなかば受容しながら、意味のある実践を自身が置かれた状況の中で何とか創り上げようとし、そのことで自己の教育観の実現を追求する、すなわちジレンマをやり繰りする存在ということになる。(2)

2　荻原伸実践の検討

この章では、こうした受験体制という制度の要求にさらされつつも、それと自身の教育観の間のジレンマをやり繰りしていったある高校国語科教師の事例を検討する。検討を通して、この教師がいかにして、生徒にとって意味がある実践を自身が置かれた状況の中で創り上げたか、教師としての在り方を考えてみたい。

事例に登場する教師は、本章の著者の一人の荻原伸（修士課程修了後一年間の講師生活を経て、一九九六年度より公立高校国語科教師）である。本章では、荻原の授業実践を荻原本人と藤原で共同的に解釈しながら、問題意識を伴った自覚的な実践を、若い教師を励ますようなメッセージを提起することがゴールとなる。

以下、藤原と荻原が交互に荻原実践についての解釈を示しつつ、紙面上で対話を行うという論述のスタイルを採る。こうしたスタイルは、研究者（藤原）という他者の立場と、実践者（荻原）という当事者の立場――荻原は自身の実践を解釈する研究者の立場にもある――を交錯させつつ、研究者が一方的に教師の実践を解釈するのではなく、両者の実質的な共同を確保する手段と言える。

二　荻原実践をめぐる対話とその解釈

1　対話における立ち位置

荻原実践についての共同的解釈に先立って、まず私たちの対話における立ち位置、すなわち両者がどのような関心、信念、価値観に基づいて対話に臨んでいるのか、解釈への構えを明らかにしておこう。こうした解釈する者の自己の開示は、解釈における、言わば手の内を明かしつつ、示された解釈の妥当性について、読み手がよりよく検討できる可能性を生み出すという意図に基づいている。

■　荻原実践への共感――藤原

私は、これまで荻原へのインタビュー――冒頭の談話もこのインタビューの一節である――やその授業参観を通して、荻原実践の共同研究に長年取り組んできた(3)。私が荻原との共同研究を続ける理由は、端的に言えば、荻原の実践に対するこだわりにある。たとえば、荻原は、高校国語科の授業を、読み方や書き方といった国語科の教科内容を学ぶだけの営みとは見なさない。後述するように、人間や社会に関わるさまざまな文章を読み書くことで、生徒が自己を見つめ直し他者との関係を捉え直すこと、すなわち自他問題の探究を試みることを目指している(4)。国語科教師なら、読み方や書き方を教えることで、その仕事は充足しているであろう。しかし、荻原はその枠を超え出て、高校生が今後生きていく上で意味がある学びを国語科授業で成立させたい、というこだわりを持っている。

このこだわりに、私は共感している。私自身がもし高校教師なら、そういう実践をしてみたいと思う。大学教師としても、受験一色の授業を通して、受験勉強的な学習観——教師から与えられた課題を最小限の労力で効率よくこなすことだけが学習だと見なす考え方——を根深く身に付けた学生に出会うにつけ、荻原がこだわるような授業が高校にあってほしいと願っている。これが、荻原との共同研究を続けている理由である。

◆実践を語り得る同志として——荻原

藤原との出会いのことを、今も鮮明に覚えている。常勤講師として教師を始めた半年間の実践を、ある小さな研究会で語った時のことであった。私の発表に対して、実践のポイントになるところを突く切れのよい批評があったという印象が残っている。その時、藤原は私の実践に対して、第三者的で評論家のような、分かった風のコメントをするということはなかった。正面切って真摯に批評する姿に接して、私はこういう研究者に自分の実践を聴いて貰いたいと思った。私の実践を相対化する、つまり捉え直しのきっかけとなる解釈を示してくれるのではないかと思うと同時に、自分がやろうとしているぎりぎりのことを語り得る人だと感じた。

ではなぜ、語り得る人を欲したか。進学実績——あるいは検定合格や地元就職の実績——こそが最大の関心事で、授業や学校生活で自己や他者への想像力がまったく発揮されないまま日々が過ぎていくような学校で、違和感を持ち続け思考停止になることなくしぶとく実践を続けること。こういったことを一人で孤独にやり続けることはとても困難だ。信頼を持てる人とともに実践を語り聴き合い、そこで実践の相対化や学問的意味づけがなされるという関係は、しぶとく踏みとどまる力になる。そうした営みは、私にとって大きな励ましとなり、同志がいてくれるという心強さをもたらしてくれるものである。

今回の対話も、実践を解釈する者とされる者という関係に基づくものではなく、対話によって見つけた問いを共有しつつ考え合い、互いにとって刺激になる試みだと思っている。

2　自他問題の探究のための国語科授業と受験学力

■ 単元「ジブンとセカイ」の授業から——藤原

まず、対話の口火として、荻原が実践した、ある国語科現代文の授業を紹介しよう。[5] この「ジブンとセカイ」と題された一二時間の単元は、荻原が担任する二年生のクラスで実践されている。授業では、荻原が独自に選定した桜井哲夫『知の教科書・フーコー』（講談社）の一節、および岡真理「『文化』が違うとは何を意味するのか？」（雑誌『大航海』三八号）が中心教材として用いられている。前者は、ミッシェル・フーコー（Michel Foucault）の「ディシプリン」論の解説であり、学校などの組織に典型的に見出せるような、人間の身体と心を管理していくための「ディシプリン」＝規則や制度について論じている。後者は、他者を異質なものと決めつけて理解しようとしない「文化相対主義」を批判しつつ、他者の異質性を自己の理解のきっかけとしながら、それを他者の理解に繋げていくという思想について論じている。

生徒たちは、これらの評論文を読みつつ、「ディシプリン」や「文化相対主義」批判という認識の枠組みを理解しながら、こうした枠組みを用いて作文を書いていく。たとえば、学校のような「近代的組織」の例を「ディシプリン」の観点から、その意味を検討してみる作文である。このように、評論文を読みつつ作文を書き、さらにはそれらを交流しながら、単元の授業は展開していく。

そして単元のまとめとして、荻原は、「ディシプリン」や「文化相対主義」批判という認識の枠組みを手掛かりとしつつ、「自分と同性の誰か」を主人公とした物語（虚構）作文を書くという課題を、生徒たちに提示する。この課題をめぐって、たとえばある生徒は、次のように物語という形に乗せて自己の囚われを捉え直す作文を書いている。

僕は時々何に対しても無性に笑いたくなる時期がある。周りが真剣になればなるほど、深刻になればなるほど……／他人のやることも、自分のやることも陳腐でたまらない。だから、笑ってごまかす。そうして、自分の心の中を曖昧なものにして、本当の気持ちを隠匿し、「自分はどうだ」と問われても、「わかりません」――この言葉で防護して個を消去する。そうして自分の中で僕は行動を起こす。／苦笑、嘲笑の壁に覆われた部屋の戸には「わかりません」のバリケード、只今僕はこの部屋に立てこもり中である。外では今も警官が僕に対して必死の説得を仕掛けている。本当の君はもっと良い奴だとか、こんなことをしても何にもならないだとか、まさに説得の際の常套句の羅列。しまいには、どうなっても知らんぞなどと脅迫まがいのことをほのめかす始末だ。しかし、実際のところ立てこもってはいるが別段何の要求もない。が、人質はいる。他ならぬ僕自身だ……

このような「ディシプリン」論や「文化相対主義」批判に関する評論文を教材とした授業は、1で前述した荻原のこだわりに由来している。つまり、人間や社会に関わったさまざまな文章を読み、また書くことで、生徒が自己や他者との関係を捉え直すこと、すなわち自他問題の探究を現代文の授業で実現したいというこだわりである。「ディシプリン」論で言えば、この評論文から生徒たちは、たとえば自分を絡め取る受験体制という制度＝「ディシプリン」を捉えるための、すなわち自己を問い直すための視点を得ることができる。また、「文化相対主義」批判からは、たとえば受験体制を当り前のものと見なしている教師や親＝他者との関係を捉え直すことができる。したがって、自己の問い直しや他者との関係の捉え直し＝自他問題の探究のために、枠組みとして機能するのが、教材文から読みとれる「ディシプリン」論や「文化相対主義」批判だということになる。

ここで興味深いのは、こうした荻原が自分の教育観にこだわりつつ実践した授業と、大学入試が求める受験学力との関係である。自他問題の探究という学びを促そうとする授業は、一見、たとえば大学センター試験の国語の問題が解けるようになることには直接繋がらないように思える。そうした授業よりも、解き方をストレートに教えてそれを反復練習させていく授業の方が効果的だとも思える。

しかし、先に挙げたような評論文は、大学入試でよく出題されるタイプである。こうした評論文を入試問題として読み解くためには、「ディシプリン」や「文化相対主義」批判といった認識の枠組みがまず理解されなければならない。そうした抽象的な枠組みの理解には、言葉の上だけではなく、たとえばその枠組みを用いて身近な事柄を検討して作文を書くなど、自分の生活経験と具体的に繋げていく作業が有効である。そういう意味で、前述のような授業は、自他問題の探究という荻原のこだわりを実現する可能性だけではなく、じつは受験学力を向上させる可能性も持っていることになる。(6)

この点について、私たちは、共同研究における対話的なインタビューの中で「受験勉強の姿を借りた自他問題の探究」といった言い方で確認し合ってきた。では、荻原は、このような自他問題の探究を促す国語科授業と受験学力との関係を、いつ頃どのようにして、またなぜ自覚し得たのだろうか。

◆自他問題の探究と現代思想系の評論文——荻原

私が、自他問題の探究を促す国語科授業と受験学力との関係を考えるようになったのは、国語科教育学を本気で学びはじめた大学院修士課程の頃であった。国語科教育の雑誌や論文に、小学校や中学校の豊かな実践を見ることができるのに比べて、高校のそれは質を問う以前に、量的に言って圧倒的に少なかった。当時の私は、このことに怒りにも似た感情を持っていた。結局のところ、大学受験を目前にした高校の授業では、生徒が言語活動を通して主体的に学ぶことから形成される学力は役に立たないものとして葬り去られているのではないか。それは教育の敗北ではないか。仮にそうだとしたら、高校国語科教師をめざす私は、国語科教育学から一体何を学ぶことができるのかと考えた。高校生という時期を生きる生徒たちにとって意味のある授業を放棄しておいて、それと受験学力とが全く別物であるとして使い分けるような割り切りを認めることを、私は拒否したかった。

そんな院生時代に、澤田英史氏、田中宏幸氏（いずれも当時兵庫県の公立高校）、高橋哲朗氏（当時宮崎県の公立高校）の実践を研究会で知った。衝撃的であった。中でも澤田氏は、県下有数の進学校に勤務しつつも、受験的な教え込みではなく、生徒が言語活動に取り組みながら、読み方や書き方、さらには学び方を着実に身に付けていくような授業を実践していた。そこには、前述のような割り切りは感じられず、受験校においても主体的な学びを生み出すことが可能なのだと思えた。(7)

偶然、私の場合も、大学院修了後の初任校となったのが進学校であった。本当に実践したい授業と受験用の授業という割り切りは絶対にしたくないという信念とともに、主体的な学びを求めることでこそ受験勉強を凌駕できるという思いが、初任校で働き始めた時期から私には明確にあった。それと同時に、荻原の授業は面白いがあれでは受験に太刀打ちできないなどと、生徒や保護者や同僚に思われてはいけないという危機感もあった。校外模試で点を取れるだけではなく、授業も面白く生徒たちが今の自分や他者に目を向けて思考していく。それでいて、まったく受験チックではなく、むしろ授業スタイルも教師としての存在感も異彩を放っている。私がそんな存在で在り続けることが、生徒や、さらには保護者や同僚が受験勉強的な学習観を編み直していくきっかけになるはずだと考えていた。

進学校とは一体何だろうか、そこにいる自分とはどのような存在なのか、他者や世界との関係をどのように編み直したいのか、表現するとは読むとはいかなる行為なのか。こういうことを自覚化し相対化していくことが主体的な学びであり、それ故に国語科授業を通した自他問題の探究は何があっても譲れないと、教師になった時から考えていたわけである。

また一方で、このような授業実践と受験学力の繋がりを構想できる手掛かりが、私が教師になった一九九〇年代後半に生まれていた。この時期は、私の印象では、大学入試に出題される評論文の著者の転換期であった。つまり、受験的評論文の定番が、鷲田清一や大澤真幸といった著者の現代思想系の著作へ変わりつつあった。こうした哲学、社会学、文学理論などを含む現代思想系の著作には、私自身、大学院時代に慣れ親しんでいた。概括的に言えば、鷲田も大澤も、自分や他者や世界の見方、それらの関係性に関する認識の枠組みそのものを捉え直すべく語っていた。こうした認識の枠組みは、すなわち自他問題の探究の枠組み足り得る。受験勉強的に言えば教科書から離れるのは危険だという見方に対して、むしろ入試問題の旬に触れられる、つまり逸脱ではなく最新のホットな教材の提示だという具合に主張することができた。そして、これらの著作を材として認識の枠組みを学びながら、生徒が読むことや書くことを主体的に行う場をデザインしていこうとした。藤原が具体例を挙げている「ディシプリン」論も「文化相対主義」批判も、一見普通の現代文教材とは異なっているものの、入試の旬であると同時に自他問題の探究の材でもあり、そういう意味から生徒や保護者や同僚から批判を受けることはなかった。

ほどなく、生徒たちは、校外模試や入試の結果としても、さらには主体的な学びとしても、私の予想を超えるような飛躍を始めていった。

3　主体的な学び——荻原の教育観

■目的としての学び——藤原

荻原が言う「飛躍」の一例は、三年生を対象としたある現代文の授業実践記録に見出すことができる（荻原、二〇〇二）。荻原は、この授業で生徒たちに、前述の単元「ジブンとセカイ」のように、人間や社会に関わったさまざまな文章を読み書くことを促している。そして、単元のまとめとして、個々の生徒は、自分にとって真に意味があると思えるテーマ——たとえば「アイデンティティ確立について」、「本当の自分は誰?」、「死とは何か」、「意識と無意識」などかなり高度なテーマ——を設定・探究し、その結果をレポートにまとめていく活動に取り組んでいる。(8)

この荻原の授業実践は、教師になって五年目のものである。ただし、実践に込められた生徒による自他問題の探究というこだわり、そして同時にそのこだわりと受験体制とのジレンマのやり繰りについては、前項で荻原が述べるように、教師として実践を始めた当初から自覚されていたことになる。こうしたやり繰りに関わっているものとして、大学院での学び、校種の異なった小中学校の実践からの刺激、先輩高校教師からの影響、受験における出題状況の変化の把握などが挙げられよう。

そうすると、次に問いたいのは、荻原の言う「主体的な学び」という点である。つまり、荻原の授業実践は、生徒による自他問題の探究というキーワードで特徴付けられるものの、ではこのキーワードと前項で挙げられている「主体的」というキーワードは、どういう関係にあるのかという点である。

私なりに解釈すれば、「主体的な学び」が重要だとする学習観は、荻原の教育観を形作る核になるものであり、そうした教育観に基づいて具体的に授業を構想・実践していく際、自他問題の探究を促すという方向性が現れてくると捉えられる。つまり、「主体的な学び」を核とする荻原の教育観は、国語科授業が自他問題の探究になるようにデザインされることで実現可能性が生まれてくるという関係である。

さらに、荻原の言う「主体的な学び」というキーワードそのものを解釈すれば、これは手段としての学びではなく、目的としての学びを意味していると思える。たとえば、大学に合格するために仕方なく文学作品の読み方を学習するが、受験が終われば文学などもうどうでもよいというのは、手段としての学びである。一方、文学そのものに関心があり、とにかく楽しいから作品を読み、その中で文学とは何かという認識が形成されていくというのは、目的としての学びである。前者の場合、文学作品の読みは受験のための手段に過ぎないものの、後者の場合、文学作品を読むことそのものが学びの目的となっている。

こうした目的としての学びは、何か特殊なものではなく、たとえば個々人にとっての趣味の世界を思い浮かべれば、人間の学びにごく普通に見出せるものと分かる。つまり、自分の興味・関心に由来する課題を意識しながら、今これを分かりたい、できるようになりたいといった切実な思いに即して、その課題に取り組んでいくという営みが目的としての学びであり、これは手段としての学びとの対比において、学びの本来の姿を示しているものだと言える。これまで挙げてきた生徒に自他問題の探究を促す国語科授業実践の根本において、荻原は、このような主体的な学び＝目的としての学びの重視という学習観を核とした教育観を持っていると見なせよう。

◆学びにおける内省性――荻原

藤原は、私が言う主体的な学びを、目的としての学びと意味付けている。確かに、そうした解釈はあり得ようが、この学習観については今少し別の角度から掘り下げることも可能だと思える。その点について考えるため、今一度、２で取り上げられている単元「ジブンとセカイ」の授業に話を戻してみたい。

この授業を実践した高校では、成績上位の生徒でクラスを編成する選抜クラス、いわゆるトップクラスが設けられていた。こうしたクラスの編成には、賛成・反対それぞれの立場と理屈が、校内のあちこちにあった。私自身は、トップクラスを編成するという制度が、単に受験体制に奉仕するためのもののように感じられ違和感を持っていた。だがある年、校内の職務分担上、どうしてもそのクラスの担任にならないといけなくなった。先の単元「ジブンとセカイ」の授業は、このトップクラスの担任として、そのクラスで実践したものである。

保護者や同僚の一部には、トップクラスの担任は名誉なことだという見方もあった。生徒の中には、トップクラスに選ばれたことに違和感を覚える者が確実にいたものの、大学受験の合格が最優先である学校にあっては、トップクラスなら難関校合格に近づいたと考える者も多かった。教員からも友だちからも保護者からも、そういったまなざしで見られることに満足し、受験勉強に邁進しようとする生徒たちでもあった。

それまでは、2で触れているように、他とはちょっと違う存在感を持った教員と見られているという自負が、私にはあった。しかし、トップクラスを受け持つことで、「荻原も結局のところ受験体制に奉仕する普通の教員なのだな」と生徒から見られるのではないか、そういう生徒たちの視線を私は強く意識した。トップクラスにいることに安住している生徒たちにしてみれば、大学合格へ向けて自分たちを引っ張って行ってくれる担任といったところであろう。

そんな状況の中で、生徒たちと、担任としてまた授業を通して関わりつつ抱いた思いは、どうして生徒たちはこんなにも受験という枠組みに絡め取られてしまっているのかということである。それまでの実践経験からも、そうした思いを生徒に対して当然持ってはいたものの、トップクラスの担任という特異なポジション故に、その思いが増幅された感じであった。そこで実践したのが、先の単元「ジブンとセカイ」の授業である。そこには、これまでの実践にも増して、自他問題の探究を促す授業を行い、受験的まなざしやそれへの絡め取られから、生徒の主体性を回復させたいという意図があった。つまり、主体的学びを生み出し、生徒が自己や他者を捉え直し、世界との関係を編み直していくような国語科授業である。

主体的な学びと言った場合、生徒自身が自己の将来像を描き、それに合致する大学や学部学科を積極的に調べ自分で選択していくというのが、受験指導の場面においての主体性だと一般的には見なされよう。この場合の主体性とは、「積極的に」とか「自分自身で」というのと同義である。しかし、主体性をそのように定義していては、私が向き合っているトップクラスの生徒たちとの関わりにおいてまったく不十分だと感じていた。そうではなく、「積極的に」「自分自身で」選んでいると思っていることそれ自体の相対化こそが、主体的な学びではなかろうかと考えた。自分はなぜそのような大学や学部学科の選択をするのか、他に選択肢はあり得るのか、今の時点で選択した大学や学部学科へ向けての受験勉強以外選択肢はあり得ないのかなどを考えた上で、自覚的に選択し行為することこそが、主体性なのだ。

単元「ジブンとセカイ」の授業で、フーコーの「ディシプリン」論を視点として自分たちを絡め取る受験体制と自己の関係、さらには絡め取られている自己を捉え直しつつ、岡真理の「文化相対主義」批判を理解しながら、受験体制を自明視する他者との関係を捉え直すこと。そこから、生徒が自らの行為や思考が制度や他者との関係の内にあることに思い至れば、前記のような選択肢の幅を制限するものや選択肢そのものの広がりの可能性についての認識が開けてくるだろう。つまり、「ジブンとセカイ」の授業における学びは、生徒に、トップクラスにいる「私」という存在そのものを振り返り意味付けること、すなわち内省を促し、自分自身に突き刺さってくるという点から主体的な学びの成立に繋がっていくと考えた。このように、主体的な学びとは、一面では藤原が言うように手段としての学びと対比される目的としての学びと見なせようが、同時に学びにおける内省性が要になろう。

なお、付言すれば、前記のような授業と連動させつつ、私は担任として、通常のものとはすこし趣の違う時評エッセイを掲載したクラス通信を、不定期で年間二〇回くらい生徒に配っていた。それは、日々メディアで出会うスポーツ選手、音楽、映画、CMなどについて、私が折々に思ったことを綴ったものである。この通信について、数名の保護者から夏休み前の懇談である事を言われた。曰く「初めの頃は何が書いてあるのかと思っていたけれど、先生の言葉や物の見方がうちの子に影響を与えているように感じるので、親としてもそれを読んでおかないといけないと思う」と。別の保護者からは「生徒用と保護者用と二枚ずつ配って欲しい」という要望も出てきた。この通信をめぐるやりとりは、受験だけではなく、担任の教師としての在り方や我が子の教育環境といったものに、保護者の意識が向くようになったのではないか、つまり我が子の受験、学校や教師への保護者のまなざしがすこしは編み直されているのではないかということを私に感じさせてくれた。

4　教師の学びの在り方

■ジレンマのやり繰りを通した教師の学び――藤原

これまでの対話を通して、目的としての学びや内省性を持つ学び、すなわち主体的な学びを重視する学習観を核とした教育観が、荻原実践の根幹にあると解釈してきた。こうした教育観と受験体制が接触した時、荻原は自身の教育観にこだわりつつ、大学入試で出題されやすい現代思想系の評論文を手掛かりにしながら、自他問題の探究を促す国語科授業をデザインしてきたことになる。つまり、自分の教育観にこだわるが故に受験体制とのジレンマが生じるものの、そのようなこだわりを起点として両者のジレンマのやり繰りも可能になっていると言えよう。

以上、対話的に解釈してきた荻原の実践経験は、あくまで一教師の個別的な事例ではある。しかしながら、制度的な要求と自分の教育観の間のジレンマを経験している他の教師たちにとって、何事か訴えるものがあり得よう。つまり、制度的な要求に絡め取られずに、目の前の子どもや生徒たちに即しつつ自分の教育観をどう実現していくか、両者のジレンマをどうやり繰りしていくか、問題意識のある教師にとって共通の課題とそれへの応答の一例を示していると思う。

こうした制度的な要求と自分の教育観の間のジレンマのやり繰りは、教師としての学びの一つの形だと見なせる。つまり、そのようなジレンマのやり繰りを通して、教師は、制度的な要求と向き合いながら、自分の教育観に即した意味のある実践を、自身が置かれた状況の中で何とか工夫して創り上げることができる自己を形成していく。

荻原の場合で言えば、主体的な学びを重視する教育観とそれに即した自他問題の探究を促す国語科授業の実現を、受験体制下で図るために、大学入試で出題されやすい現代思想系の評論文を教材化しつつ、ジレンマをやり繰りすることが試みられている。ここに見られるのは、自分の教育観に照らして、出題されやすい現代思想系の評論文を意味付け直してみることである。つまり、そうした評論文を受験勉強とは別の文脈、すなわち主体的な学びのために自他問題の探究を促すという自分の文脈に引っ張り込み、自らが目指す授業において活用していくことである。言い換えれば、受験という制度が教師に押し付けてくるタイプの問題文＝評論文を、言わば「流用」して、自分の教育観に合うようにそれが持ち得る意味を編み直しているわけである。(9)

このような制度的な要求と自分の教育観の間のジレンマのやり繰りを通して、教師はやり繰りそのものの技を身に付けていくことになる。しかしそれだけではなく、決して制度に絡め取られているだけでない自己、困難な状況の中でも自分の教育観に幾分かは誠実で在れる自己を確認していくことができよう。つまり、こうしたジレンマのやり繰りは教師としての自己の在り方の確認に繋がっていくという意味で、アイデンティティの形成に関わった教師としての学びの一つの形と見なせる。

◆教師としての学びを拓くために――荻原

以上の私たちの対話では、主に受験勉強と主体的な学びという対立軸が話題の中心であった。これは重要な論点ではあるものの、これのみが教師が出会うジレンマのすべてではない。学校という組織の中で教師に求められる種々の役割、生徒・保護者・同僚との関係など、実践の様々な局面でジレンマのやり繰りがなければ教員としての自分を保ちにくくなってくる。

学校とは何か、学ぶとはどのような営みなのか、国語科授業で何を育てるのか、授業とはいかなるものか、自分はどのような教員でありたいのか、といったことを心に持って私は教員になった。こういった既存の枠組みに安住しない構えを持つことは、立ち止まってそれを熟考する営みを内に含む。こうした熟考は、学校という制度の中で管理職や同僚からのまなざしにさらされ、教員としての日々の忙しさに追われつつある状況には馴染みにくい営みだ。しかし、目の前の生徒をどのように見るのか、なぜそのように見えるのか、そのように見えるとすれば自分がどのような立ち位置にあるのかなど、教師としての自己を自覚的に批判的に捉え直すには不可欠の営みである。

先に述べたトップクラスの担任の後、冒頭のインタビュー談話にあるように、私は進路指導の専任となり、以前よりも受験へ生徒を駆り立てる立場に立たされることになった。その後、いったん教育行政に身を置きながら教員の研修を担当する立場にあったものの、今はふたたび一教師として生徒たちと向き合っている。こういう私の姿を、矛盾したものと見ることもできよう。自身のこだわりに反する制度的役割は断固拒むべきであったかもしれないし、そうすべきだったのかもしれない。しかし、私はそうしなかったし、そうすることができなかった。とは言え、前項で藤原が述べているようなジレンマのやり繰りを、進路指導の局面で、さらには教員の研修を企画・運営する役割を担う者として、たえず心掛けてきたという思いはある。

多くの教師が、教職にある間に、業務量の多さに消耗したり、生徒・保護者・同僚との関係づくりで理想と現実のギャップに苦労したり、学校という組織が振ってくる制度的な役割に圧迫されたりすることを経験していると思う。私の場合は、これまでの対話に示されているように、生徒・保護者・

同僚によって向けられているであろうまなざしを自覚しつつ、主体的な学びと受験勉強の関係を意識しながら、生徒の主体性の回復を図ることを模索してきた。その中で、私の教育観に関わって何事か主張する仕方に配慮しながら、主張することを諦めずそのタイミングをしぶとく見計らい、そうした人々のまなざしの内実を、幾分とも編み直すことができたのではないかと感じている。

教師としての学びについて、前項で藤原はアイデンティティ形成と述べている。なるほど、生徒に主体性の回復を促そうとする時、実は同時にそう実践しようとする教師自身にも主体性の回復や主体的な学びが生まれているのかもしれない。教師自身が自他問題の探究を行い自己や他者への意味付けを編み直していくこと。既存の枠組みに絡め取られてしまいそうになる自分という存在を相対化することとジレンマのやり繰りを通した教師としての学びには、こうした側面もあると言えよう。

注

（1）　文部科学省「全国学力・学習状況調査等を活用した学校改善の推進に係る実践研究成果報告書」（http://www.mext.go.jp/a_menu/shotou/gakuryoku-chousa/sonota/detail/1290073.htm）を参照。

（2）　ジレンマをやり繰り（manage）する存在として教師を捉える、すなわち「ジレンマ・マネージャー」としての教師という見方についてはランパート（Madeleine Lampert, 1985）を参照。また、ランパートの議論については高木（一九九五）参照。

（3）　この共同研究は、本書の共著者の一人である松崎正治（同志社女子大学）を含め、毎年行われる三者でのインタビューを軸に、二〇一二年時点でほぼ一五年間続けられている。三者による荻原実践の共同研究は、当初、直近の授業観察データや授業記録などのドキュメント・データに即しながら、特定の授業実践に焦点化したインタビューを行うという点で、ナラティヴ・アプローチに基づく試みであった。ただし、その後の荻原実践の積み重ねやそれをめぐった経年的なインタビューの反復実施から、近年の試みはライフヒストリー・アプローチに基づくものに変化してきたと言える。ライフヒストリー・アプローチについては、藤原（二〇〇六）を参照。

（4）荻原実践に関する共同研究の結果は、藤原ほか（一九九九、二〇〇〇、二〇〇四a、二〇〇四b）、松崎（二〇〇七）などに示されている。

（5）この授業実践は、藤原ほか（二〇〇四b）において検討されている。

（6）荻原実践における自他問題の探究を促す国語科授業と受験学力との関係については、松崎（二〇〇七）においても議論されている。

（7）澤田実践については、たとえば澤田（一九九五）を参照。この授業では、生徒に自分の「人生の流儀」を「さらさら」など「擬態語」で定義し、その上で自分は「……というのが苦手だ」、「これは……ようにみられやすい」、「しかし、ちょっと言わせてもらえば……」という「枠組み」に即して作文を書くことが促されている。

（8）この授業については、藤原ほか（二〇〇〇）、松崎（二〇〇七）においても検討されている。

（9）本章で用いてきたジレンマのやり繰りという概念については、セルトー（Michel de Certeau）、太田、ワーチ（James V. Wertsch）らの議論を援用して、その内実を考えることができる。セルトー（一九八七、九四頁）は、制度的に「押しつけられた知識や象徴系」を「あやつって細工をくわえるための対象」とする実践を「消費」の「戦術」と呼び、これは「支配秩序をメタファーに変え、別の使用域で機能させ」つつ「秩序のただなかにありながら……それを横領」する実践だと見なす。こうしたセルトーの議論を踏まえつつ、太田（一九九八、四七－四九頁）は、植民地のような「他者が支配する領域で生きる術を身につけた狡智の実践者」が、「支配的な文化要素を取り込み、自分にとって都合のよいように配列し直」しながら「整序され文法化された」ものを「意図的にズラし、そこに新たな意味をみいだす」「意味産出実践」を、「流用」＝アプロプリエーション（appropriation）と呼ぶ。また同様にセルトーの議論を検討しながら、ワーチ（二〇〇二、一五八－一六三頁）は、相対的に権力を保持する「他の集団に属しているところの文化的道具を使用する義務を負わされている」人々が、そうした「文化的道具を特定の仕方」で「変換」しつつ「他者の文化的道具を自分のものにする」過程を、「領有」＝アプロプリエーションと呼ぶ。

文献

セルトー、M・de／山田登世子訳（一九八七）『日常的実践のポイエティーク』国文社
藤原顕（二〇〇六）「教師の実践的知識とライフヒストリー――研究の目的と方法」藤原顕・遠藤瑛子・松崎正治『国語科教師の実践的知識へのライフヒストリー・アプローチ――遠藤瑛子実践の事例研究』渓水社、三―三二頁
藤原顕・幾田伸司（一九九九）「授業構成にかかわる教師のディスコース――教室ディスコースのナラティヴな探究（1）」『兵庫県立看護大学紀要』六巻、一―一四頁
藤原顕・由井はるみ・荻原伸・松崎正治（二〇〇〇）「授業構成にかかわる教師の実践的知識――二つの授業実践の意味づけと関連づけに基づいた実践的知識の物語的構造」『兵庫県立看護大学紀要』七巻、一―一五頁
藤原顕・荻原伸・松崎正治（二〇〇四ａ）「教師としてのアイデンティティを軸とした実践的知識に関する事例研究――ナラティヴ・アプローチに基づいて」『教師学研究』五・六合併号、一三―二三頁
藤原顕・荻原伸・松崎正治（二〇〇四ｂ）「カリキュラム経験による国語科教師の実践的知識の変容――ナラティヴ・アプローチを軸に」『国語科教育』五五集、一二―一九頁
Lampert, M. (1985) How do teachers manage to teach? Perspective on problems in practice. *Harvard Educational Review*, 55 (2), 178-194.
松崎正治（二〇〇七）「初任期国語科教師の力量形成の過程――進学校の学校文化相対化を契機として」グループ・ディダクティカ編『学びのための教師論』勁草書房、五七―八二頁
荻原伸（二〇〇一）「自己増殖する学び――公共性と雑種性のある空間づくり」『国語教育の理論と実践・両輪』三三号、鳥取大学教育地域科学部浜本純逸研究室、二四二―二五九頁
太田好信（一九九八）『トランスポジションの思想――文化人類学の再構築』世界思想社
澤田英史（一九九五）「たいやきエッセイ――枠組み指定作文の試み」『国語教育の理論と実践・両輪』一七号、神

戸大学発達科学部浜本純逸研究室、七四―八六頁
高木光太郎（一九九五）「教室にいること、教室を語ること――私の物語と教室の物語」佐藤学編『教室という場所』国土社、八七―一一九頁
ワーチ、J・V／佐藤公治ほか訳（二〇〇二）『行為としての心』北大路書房

第九章　教師バッシングはもうやめて
——心躍る学びの場を

村井　淳志

村上春樹の場合

「学校なんて無理に行くことないんだ。行きたくないなら行かなきゃいい。ぼくもよく知ってる。あれはひどいところだよ。嫌な奴がでかい顔してる。下らない教師が威張ってる。はっきり言って教師の八〇パーセントまでは無能力者かサディストだ。あるいは無能力者でサディストだ。ストレスが溜まっていて、それを嫌らしいやりかたで生徒にぶっつける。意味のない細かい規則が多すぎる。人の個性を押し潰すようなシステムができあがっていて、想像力のかけらもない馬鹿な奴が良い成績をとっている。昔だってそうだった。今でもきっとそうだろう。そういうことって変わらないんだ」「本当にそう思う?」「もちろん。学校のくだらなさについてなら一時間だってしゃべれる」

（『ダンス・ダンス・ダンス』）

山田詠美の場合

「高校二年生の時、私の担任の先生が私の家に来た。物理の試験で二度も零点をとったためである。かれは、その物理の担当だった。お宅のお嬢さんは授業態度も悪く、人の話を聞かない、授業中に小説を読み、放課後になると男子生徒と寄りそってそそくさと帰る。もうどうしようもありません、お嬢さんのように自分の世界に入ってしまって聞き分けのない子は、将来は、作家にでもなりゃいいんです。どうしているだろうか、あの先生は。私が、ほんとに、作家になっちまったことを知っているだろうか。物理の零点が、今の私の生活に、何の影響も与えていないと解っているだろうか。」

（『ぼくは勉強ができない』、あとがき）

村上龍の場合

「この小説に登場するのはほとんど実在の人物ばかりだが、当時楽しんで生きていた人のことは良く、楽しんで生きなかった人（教師や刑事やその他の大人達、そして従順でダメな生徒達）のことは徹底的に悪く書いた。

楽しんで生きないのは、罪なことだ。わたしは、高校時代にわたしを傷つけた教師のことを今でも忘れていない。

数少ない例外の教師を除いて、彼らは本当に大切なものをわたしから奪おうとした。

彼らは人間を家畜へと変える仕事を飽きずに続ける「退屈」の象徴だった。

そんな状況は、今でも変わっていないし、もっとひどくなっているはずだ。

だが、いつの時代にあっても、教師や刑事という権力の手先は手強いものだ。彼らをただ殴っても結局こちらが損をすることになる。唯一の復しゅうの方法は、彼らより楽しく生きることだと思う。（中略）退屈な連中に自分の笑い声を聞かせてやるための戦いは死ぬまで終わることがないだろう。」

（『69 sixty nine』、あとがき）

一　教師バッシングが常態化したこの三〇年

当代随一のベストセラー作家・村上春樹と、芥川賞の銓衡委員も務める人気作家の山田詠美と村上龍。これらを読むと、すぐれた文学者たちが学校の教師に対して、いかに激しい嫌悪や憎悪を抱いているか、よくわかる。

しかしちょっと待ってほしい。これらの文章はいずれも、教師＝権力者、子ども＝被抑圧者という構図を前提としている。作家たちが子ども（生徒）だったころは、確かにそうだったのだろう。しかしこの文章が書かれた時点では、逆である。超有名作家こそ、自分の意見を自在にメディアで発表できる強者であり、いわば第四権力である。市井の名もない教師たちには、反論の機会すら与えられない。

もちろん作家たちも、そういうことは十分わきまえた上で、なおかつ、今も学校の中で抑圧されている子どもたち（生徒）の代弁者として、発言しているつもりなのだろう。そうした役割はとても大事だと認める。

しかしそれでも、有名作家たちが市井の教師たちに過激なバッシングを加えることに、やはりある種、えげつなさを感じざるを得ない。確かに、非難に値する教師は大勢いる。それも認める。しかしなぜそうなってしまったのだろうか。改善は期待できないのだろうか。それは教師たち自身のせいなのだろうか。

また、一定の比率で非難に値する人・能力に欠けた人が存在するのは、教員世界だけではない。むろん、作家のような自由業は別だ。無能な作家は作家でいられなくなるのだから、作家がみんな有能であるのは当然だ。しかしすべての勤労者が自由業で生きていけるわけではない。みんな何かの組織に属している。そして会社にしろ役所にしろ、どんな組織にも何割かの「問題人」が存在することの方が、当たり前ではないか。それとも教師だけは、例外でなければならないのだろうか。だとしたら、（医師並みとは言わないけれど）もう少し予算や人員が投入されるべきだと思うが、その税負担に耐えるコンセンサスが果たして存在するのか。市場原理で教師を淘汰するアイディアも検討されているが、「市場の失敗」を認めるだけの度量が国民にあるのだろうか。

いっぽうで、賞賛に値する教師も大勢いる。もっと評価されてよい、教師たちの地味な努力も、日常的に見出すことができる。それを言わないで、右のようにバッシングのみを加え続けることは、バランスを失していないだろうか。

村上春樹も山田詠美も村上龍も、私の大好きな作家だからこそ、活字による辛辣な教師バッシングには、鼻白んでしまう。作家だけではない。どんな権力者たちも、昔は無力な子ども（生徒）だったから、記憶の中の被害者意識で、教師にバッシングを加える。政治家・財界人・学者・評論家・スポーツ選手から宗教者、塾やフリースクールの経営者に至るまで、教師バッシングをしない人はいないと言ってもよいくらいだ。教員や元教員でさえも、その例外ではない。

しかしバッシングによって、事態はよくなったのだろうか。

ここ三〇年ほどの間（たぶん臨時教育審議会ができたころ＝一九八四年＝から）、メディアを通じての教師バッシングはほぼ常態化してきた。バッシングは常に十把一絡げである。たとえば、教師の力量を向上させるため、研修を制度化しようという話になる。そうなると、常に自己研鑽を怠らない教師も、日ごろ本をまったく読まない教師も、一律にお仕着せ研修を受けなければならなくなる。実際、ここ三〇年の間、初任者研修、五年研修、十年研修、学習指導要領伝達講習、一種免許認定講習、教員免許更新講習……と、莫大な量の「研修」「講習」が教師に義務づけられるようになった。研修の場が増えれば増えるほど、研修を担当する講師の数も増やさざるを得ず、そうなるとどうしても講義の質が低下する。ふだんから勉強を怠らない教師にとってはつまらない講習に時間をとられるのは迷惑だし、学ぼうとしない教師は研修の場で居眠りしているだけだ。十把一絡げのバッシングは常にこうした非効率を生む。

二　朝令暮改の猫の目教育行政

それだけではない。今の教育現場は、教師のプライドを傷つけ、やる気を失わせることが多すぎる。

言い出したらキリがないので、次の三つに限って述べる。

第一に、朝令暮改の猫の目「教育行政」。
第二に、アカウンタビリティに名を借りた、膨大なアリバイ「書類づくり」。
第三に、教師を信用しない、拘束力の強い「現場統制、自由裁量の欠如」。

第一の猫の目行政について言うと、たとえば今、教育現場には「学力向上」「学力不足批判」の暴風が吹き荒れている。もちろん、二〇〇七年から始まった（正確には「復活した」）全国学力調査のためである。このテストの是非は今、ここでは論じない。それよりも、ここで言いたいことは、つい十年ほど前まで、教育現場には「知育偏重批判」の嵐が吹き荒れていた、という事実である。いくつかの転機があった。ベストセラーになった『分数ができない大学生』（岡部恒治・戸瀬信之・西村和雄、東洋経済新報社）の出版が一九九九年。ＯＥＣＤによる第一回学習到達度調査（ＰＩＳＡ）が二〇〇〇年。つまり、世紀の変わり目を境にして、「知育偏重批判」から「学力不足批判」へと、まったく逆ベクトルのバッシングが教師と教育現場を襲うようになったのだ。

もちろん、本当にすぐれた教師は、「知育偏重批判」の嵐が吹いていた時期にも、「日本において、真の意味での知的教育が尊重されたことなど、一度もない」とわかっていたから、心躍らせながら知識を吸収できる、すぐれた授業を展開していた。そして「学力向上」の嵐が吹き始めても、心躍らせる体験を経ない知識や学力などすぐに剥がれ落ちることがわかっているから、テストの結果だけを追求するような愚はけっして犯さない。

　しかしごくフツーの、きまじめな教師たちは、そうはいかない。文科省や教育委員会、校長・教頭からこうしろと言われれば、右往左往せざるを得ない。これまでの総括抜きに、まったく逆方向へと、授業の修正を強要される。

　ただ、本当にスパッと変わってしまうのだったら、まだ許容できる。実は今の教育現場は、様々な部分で「知育偏重批判」時代の残滓を抱えていて、旧時代のインフラを使って逆ベクトルの要請に応えよという、どう考えても無茶な要求がまかり通っている。たとえば通知票は、今も「知育偏重批判」時代に変更された、「関心・意欲・態度の絶対評価」という、わけのわからない、きわめて情報価値の低い体裁のままだ。教師のレクチャーは「教師主導型だ」と指弾され忌避され、指導主事は相変わらず「子どもの主体的な学習」がよい、と言う。それで学力向上など、はかれるわけはない。塾で「子どもの主体的な学習」をやっているのを聞いたことがあるだろうか。

三　アカウンタビリティに名を借りたアリバイ書類づくり

　第二に、アカウンタビリティ（説明責任）に名を借りた、膨大な書類作成実務である。読者のみなさんは、現在の教師たちが、授業に先立って、授業内容の「指導計画」と称する文書を年単位・学期単位・月単位・週単位・時間単位で作成させられていることを、ご存じだろうか。また、通知表の作成に先立って、各教科・各単元ごとに、細かい評価規準と評価基準を作成させられていることをご存じだろうか。評価規準は大まかな観点であり、評価基準はより細かい観点である。しかしどちらも、普通に音読みすると評価「きじゅん」だから、前者を評価「のりじゅん」、後者を評価「もとじゅん」と呼び分けるという、漫才のような事態が進行している。これらを、各教育委員会が作成したフォーマットに従って、細かく書き込んでいくのだ。これは、二〇〇二年から全国一斉に始まった。

わたしの感覚からすれば、授業は生きもの・ナマものであり、子どもの反応によって学習計画を変えたり、膨らませたり、省略したりということは、日常茶飯事だ。当然、それに連動して評価の観点も変わってくる。だから授業に先立って、細かい指導計画や評価規準を作成しておくことなど、ほとんど何の意味もない。にもかかわらず、なぜこんな雑務を教師に強いるのか。

要するに、教育委員会官僚や校長・教頭のアリバイづくりなのだ。市町村議会や都道府県議会で、議員から「我が県（市）の教育の実態はどうなっているんだ」とバッシングじみた質問が出る。または保護者から、「うちの学校は何をやっているんだ」とクレームがかった質問が来る。そうしたときに、分厚い「指導計画」案の束を出し、「こういう方針でやっております、何かご不審な点、お気づきの点があれば、どうかご指摘下さい」と応えれば、クレーマーをやんわり黙らせることができる。言うなれば、巧妙なクレーム防御壁であり、ウチはちゃんとやってます、というエクスキューズのための証拠書類なのだ。

そんな下らない文書作成のために、教師の本来業務である教材研究の時間が切り縮められている。子どものために、おもしろい授業を準備しようとしても、週末までには来週の指導計画を作文し終わらなければならない。教師はみんな本音では、こんな作文に何の意味もない、誰も読みはしない、ただのアリバイづくりだとわかっているから、作業の疲労感・消耗感は激しく、深刻である。バッシングが激しくなればなるほど、防御壁を厚くせざるを得ないから、なおのこと、教師の作文雑務は増え続ける。つまりバッシングそれ自体が、事態をより悪化させているのだ。

四　品質保証に名を借りた自由裁量の剥奪

第三に、教師を信用していない、さまざまな現場統制、教師の自由裁量権の欠如について。わたしが特に気になるのは、とくに授業や教育課程編成の自由裁量が、どんどん狭められてきた事実だ。一九七〇年代、家永教科書裁判で国側敗訴の判決があいついでいた時期には、個々の教師の教育実践について、比較的広い裁量が与えられていた時期もあった。しかし八〇年代以後の教師バッシングにともない、イデオロギーではなく「教育の品質保証」という文脈から、教育実践についてさまざまな干渉が目立つようになってくる。とくに指導主事や校長・教頭が事なかれ主義にとらわれている場合は、批判をおそれて実験的で個性的な教育実践をつぶしにかかろうとする。戦前の「川井訓導事件」を彷彿とさせる事態だ。端的なケースで言えば、教師が学級通信（保護者向けの定期発行プリント）を出そうとすると、「子どもに配る前に必ず見せるように」と、事前検閲を義務づける校長が増えているのだ。そんなことをしたら、学級通信を発行しようという意欲自体を萎縮させてしまう。学校での子どもの様子を知りたがっている保護者の願いとは、明らかに逆行している。

教科書を教師が選べないシステムも相変わらずだ。小中学校の教科書は、採択地域という、複数の市町村教育委員会で構成する地区単位で決定される。教師は自分で使う教科書について、希望を出せるチャンネルがない。「来年度はこれに決まったよ」と伝達されるだけ。教科書無償制で定価が低く抑えられているから、しだいに教科書出版社が減っている。小学校の社会科は四社しかない。ちょっとでも採択シェアが下がるとたちまち経営が行き詰まるので、教科書出版各社はなるべく無難な、没個性的な教科書をつくろうとする。主たる教材であるにもかかわらず、教科書の選択肢は次第に狭まる一方なのだ。

五　いちばん不足しているのは、教師の心を揺さぶる場

ことほど左様に現代日本では、教師の尊厳が傷つけられ、それが逆に事態を悪化させる、するとますます教師バッシングを引き起こす、というとてつもない悪循環が進行している。わたしはこれこそが、日本の教育危機の、最大の焦点・問題点だと感じてきた。

では今、何が必要なのだろう。ズバリ、**教師たちの心を揺さぶる場**であると言いたい。教師たちのモチベーションを高め、教職のすばらしさを再認識できるような場。これこそが今、一番不足している。心を揺さぶられたことのない教師に、子どもの心を揺さぶるような教育ができるはずがない。

さらにわたしは、次のように断言する。**すばらしい教育実践を目の当たりにし、かつそれに近づく正しいやり方を伝えられれば、日本の教師の大多数は、心を揺さぶられる感性をまだ失っていないし、**

自己変革しようと決意する誠実さをなくしてはいない、と。バッシングを続けている人たちは、自分たちが教師の心を揺さぶり鼓吹する力がない無能さを、当の教師たちに責任転嫁しているにすぎないのだ。

わたしは常々、教師や教育学部の学生たちに「否定文の子ども把握から出発した教育論は一切信用するな」と言っている。「現在の子どもは○○ではないから」「今の子どもたちは○○が足りないので」という前振りで始まる教育論、教育実践には一切耳を貸さないことにしている。もちろん今の子どもに足りないこと、できないこと、なっていないことは山ほどある。しかしそれを出発点にした試みは、決して子どもの心を揺さぶらない。説教の空回りに終わるだけだ。子どもの心を揺さぶろうと思っている人は、決して否定文の子ども把握からは出発しない。子どもたちにこんな感動を味わわせたい、子どもたちに忘れられない体験をしてもらいたい、という言い方をする。

教師だって同じだ。「今の教師は○○ではないから」「今の教師たちは○○が足りないので」という「否定文の教師把握」から出発する教師論・教育改革論は、決して教師たちの心を揺さぶらない。

逆に、たとえふだんは手抜き授業をしているダメ教師であっても、心を揺さぶられたときには根本的な自己変革を決意する。自己変革を長続きさせ、励まし続ける仕組みがあれば、さらによい。以下は、私自身の、教員免許更新講習での実践である。

六　私の教員免許更新講習の実践から

私は二〇〇九年の更新講習の開始時から、「小学校選択講座・社会」を担当してきた（三時間）。教員免許更新講習は通常、教師たちには単なる負担だと受け止められている。こんな感想があった。

●来週から二学期が始まります。今年はこの教員免許更新講習で時間と意欲をとられる一週間でした。今日の講義を受けるまでは、モチベーションが下がりっぱなしでした。

更新講習を負担ではなく、心揺さぶられる場に変えるためにまず、実際に小学生を対象とした二時間（四五×二＝九〇分）の模擬授業をやることにしている。小売業の単元で、タイトルは「金沢のコンビニエンスストア、その爆発的拡大の謎を追う」。この授業は、私自身が教材開発し、実際に市内の公立小学校や附属小学校の五年生に授業して、子どもたちに大好評だった、いわば〝ためされ済み〟の授業である。教師たちは、抽象論で説教されても、絶対に納得しない。まずはすぐれた授業の実例を見せ、「おもしろい授業を受けるって、こんなに気持ちがいい体験なのか！」「つくるの大変そうだけど、子どもがこんなワクワクした気持ちになってくれるなら、私もやってみようかな」と思ってもらうことが大切なのだ。ちなみに、更新講習で受講者の評価の高い講義は必ずと言っていいほど、模擬授業が行われているという。「お手本」を示さなければ、やる気が起きないのは、子どもだけではない。教師だって同じだ。

まずＡ４一枚のプリントを配る。プリントには、東証に上場されている小売企業の名前が上場年別にずらりと並んでいる。戦後最初の二〇年間に上場したのは、百貨店だけだ。次の二〇年はスーパーマーケットが圧倒的に多い。そしてその後は、専門店とコンビニエンスストアの時代であったことがわかる。この表で、小売業の主役が次々と交代してきたことが一目瞭然なのだ。

講義では、各業態の特徴と、登場の背景にある社会的・技術的要因を説明する。日本の百貨店は江戸時代の呉服店が明治期に変化した独特の店舗であり、呉服店と同様、富裕層向けの小売業である。百貨店誕生には、数百万人規模の人口集積を必要とし、発電所の建設と電車の運行、鉄筋コンクリート工法の開発と構造計算技法の確立、エレベータ・エスカレータの発明など二〇世紀初頭の最先端技術を総結集して生み出された、初めての大規模小売店舗（ワンストップショップ）であったことを説明する。

同様にスーパーマーケットは、庶民を顧客として食品や日用品を低価格で提供することに特化した小売り業態であること、その誕生の背景には、セルフ方式の店舗設計、キャッシュレジスターやバーコードによる合理的な会計処理、冷凍冷蔵技術および冷凍食品の開発、そしてマイカーの普及などがあることを説明する。

そしていよいよ本題のコンビニである。まず、コンビニは従来型の雑貨店と何が違うのか？という発問をしておく。答えが出ないことは予想通り。そこで、「とりあえず、大手フランチャイズに属している店舗をコンビニと仮に定義しておきます」。実はこの定義こそが本質なのだが（後に説明）。ここで自作のパワーポイント教材、「金沢コンビニ物語」を上演する。金沢の地図と右肩に一九八四年の文字。一九八四年には金沢市内にはコンビニエンスストアは一軒もなかったのだ。それが次の一九八五年のスライドには、ポツンと一つ、黄色いドット（山崎デイリーストア）が現れる。大学病院側で現在も営業している店舗だ。次のスライドでは店舗の写真。そして年を追うが、一九九〇年のスライドでもわずか九軒。そこから金沢市内のコンビニ大量出店が始まる。二〇〇〇年のスライドでは何と一三七店舗。金沢市の地図はコンビニを示すドット（赤いドットはサークルK、青いドットはローソン、緑のドットはファミリーマート、白いドットはサンクス）で埋め尽くされてしまう。会場から驚きの声が上がる。プリントを配布して、「なぜこれほど短期間に、金沢のコンビニは爆発的に急増したのでしょうか。理由を考えてください。」と発問。これで模擬授業一時間目は終了。

続いて二時間目。まず急増の理由として「コンビニのいい所」を挙げてもらう。真っ先に出るのが二四時間営業。そこで発問「なぜ従来の雑貨店は二四時間営業をしなかったのだろうか」。アルバイトを雇えばどんな店だって営業すること自体は可能だったはずだ。すると「営業しても電気代の方が高くつくから」という答えが返ってくる。「そうですね、つまりコンビニは二四時間営業しているから儲かっているのではなく、儲かっているからこそ二四時間営業が可能なのです。ではなぜ儲かっているのでしょう」。このあたりでパワーポイント教材「コンビニの謎に迫れ！　金沢コンビニ物語パートⅡ」の上演を開始。結局、「ほしい商品を何でも売っているから」という一番大事な答えが出てくる。ではなぜコンビニは「ほしい商品を何でも売っている」状態を作り出せたのか。コンビニで取材させていただいた、ハンディスキャナとコンピュータの商品管理、ＰＯＳ（販売時点管理）を象徴する客層ボタンの写真を見せ、従来型の雑貨店では不可能な、フランチャイズならではの情報技術を駆使した経営を説明する。さらに本部のアドバイザーと店舗のオーナーの写真を見せながら、本部のアドバイスの典型として、商品配置の三角形（窓際に雑誌、レジ横に弁当類、入り口から一番遠いコーナーにドリンク）には理由があることなどを説明する。

最後に、金沢市内の一人暮らし世帯が、一九七〇年の八四二六人が、二〇〇〇年には五万九三四五人へと七倍になっていること、一九八八年に北陸自動車道が全線開通したことが、九〇年代に金沢での出店ラッシュにつながったことをやはりスライドで説明した。

●ストーリー性があってのめりこむと、こんなにおもしろいのか、とまず思いました。今日のコンビニの授業は、どんどん引き込まれ、考えたくなり、知りたくなりました。〝聞いて聞いて状態〟になりました。とても興味をもって聞くことができました。……（すぐれた授業をつくるのは）ふだんはなかなかできないことですが、一年に一回だったらできる気がしました。そしてこの一年に一回は、将来の自分のためにも、手を抜かない、あきらめない気持ちが大切だと思いました。今日はがんばってやろうという気持ちがもてました。ありがとうございました。感謝しています。

●次から次に目からウロコの情報、「へぇ～」の連続、教室の後ろで参観している保護者の興味をぐいぐいそそるような、子どもの心をわしづかみするような授業を受けさせていただきました。現在の学校現場は確かに問題が山積しています。毎日どの先生方も問題に直面し解決しようとがんばるのですが、そのがんばりが空回りして届かない、無力感を感じることが多々あります。今日の授業を「子ども」の気持ち、「教師」の視点で受けた私は、やはり教師としての原点は「授業」で勝負することにあると痛感しました。……久々に「がんばってみよう」という気持ちにさせていただきました。ありがとうございました。

後半の講義では、授業のメイキング（製作過程）を詳しく紹介した上で、社会科の授業づくりの鉄則六項目を講義する。

①　**まずはワンマンショー型の授業に強くなろう。**子ども主体の調べ学習の指導は、ワンマンショーがうまくなってからでよい。

②　授業づくりの手順は、**まず大人がおもしろいと思う授業をつくり、それを子ども向けに翻訳する、**という段取りで。翻訳がうまく行かない場合は引き出しにしまっておく。引き出しが多ければ多いほど、次の授業づくりが楽になる。いっぽう、子どもはおもしろがるけど、大人はおもしろくないという授業は「子どもだまし」、中長期的には教師の力量を衰弱させる。

③　あなたはこの授業を通じて、子どもにどんなメッセージを伝えたいのか？　伝えたいメッセージが教師自身にもわからない授業は、おもしろいはずがない。**伝えたいメッセージを「A＝B」の形でクリアに。**

④　**社会科のおもしろさの必要十分条件は、意外性とストーリー性。**なぜなら、「A＝Bは陳腐だ」という批判には意外性が、「A＝Bとは必ずしも言えない」という批判にはストーリー性が必

要。逆にいえば、意外性とストーリー性を兼ね備えたA＝Bは必ずおもしろい。
⑤　意外な事実、クリアなストーリーを組み立てるためには、「**鳥の眼**」**リサーチと**「**虫の眼**」**リサーチが不可欠**。前者は文献やデータの比較、後者はインタビューや実地取材。大人がおもしろいと思う授業をつくるには、ふつうの大人が知らないことを、リサーチによって発掘する。
⑥　**リサーチはオリジナルに遡る**。情報は、発生元では無限に多く、カオス状態。それが情報消費者のもとに到着するまでにそぎ落とされて整理され、概念化される。意外な事実は、カオスに遡ってこそ、見つけられる。概念化の過程でそぎ落とされた中から宝石が見つかる。

●　耳の痛い話ばかりでした。忙しいことを理由に授業は教科書や資料集に頼ることが多く、子どもの興味を引くために、小手先で授業を進めることが多かったです。まさに子どもだましでした。……村井先生の講義で心を揺さぶられたことは、先生の本分は授業であり、そこに本気で取り組まない限り、結局のところ、忙しさだけでなく、先生としての自信さえも失ってしまうということです。そして、コツコツと教材開発をしていくことが我々の仕事のもとになっていくことを改めて感じました。……はじめの頃は教材研究に燃えていましたが、やり方、方法がわからず、いつの間にかおもしろくない授業であきらめてしまうようになっていたように思います。明日からまた初任のつもりでやります。
●　今日の講義を聞いてみて、自分が十分だと思っていた教材研究が、いかに子どもたちにとって、心のときめかないものであったかを感じた。子どもたちにとって本当の意味で「おもしろい授業」になるような教材研究をしていなかったということである。授業で使おうという教材が、実は自分自身が新しい驚きを持って「おもしろい！」と感じていなかったのかも知れないと今では思う。自分がさほど「おもしろい！」と感じていないにもかかわらず、意識のどこかに、こんな教材でも子どもなら興味を持ってくれるんじゃないかと、十分な工夫もせずに授業を行っていたように思う。そのために子どもたちが本当に心を揺さぶられるような授業になっていなかったのであろう。……今後は、今日学んだことを生かしながら、子どもたちの目が輝き、心が揺さぶられる授業づくりを、ひとつでも多くつくっていく努力をしていきたいと思った。

この授業のねらいはまさに、教師の心を揺さぶり、モチベーションを高めてもらうことだ。

●　きわめて実際的で、教師の心を揺さぶる内容でした。教員免許更新の制度にともない、いくつかの講座を受けたが、教師としての資質を自ら問い直し、初心に返って子どもや教材と向き合おうと思える熱意を再度いだくことができた。このような講座が設定されれば、意味のある制度だと思った。……授業をつくるときは、どうしたら子どもの興味を引けるかという視点で考えることが多かったが、大人がおもしろいと思うことを子ども向けに翻訳するという視点はとても驚きだった。でもよく話を聞くとなるほどと思えたし、自分の授業観を揺さぶった。

●　今日までの数ある講義の中で、村井先生の講義が一番心を揺さぶられ、おもしろいと思いました。そして自分の仕事に対するモチベーションを高めてくれました。……たくさんの（授業づくりの）コツを学び、すぐに明日にでも教材研究を始めたいという気持ちになりました。……先生の話を聞けて、今日は本当に本当にうれしかったです。ありがとうございました。ぜひ本校にも講師に来て欲しいです。

ふだん、授業準備に力を割けていない教師であっても、心揺さぶられれば、やる気を再生させる。

● 大学の社会学科を卒業し、中学校の免許は社会科で、勤務する小学校では社会科を担当することが多い。しかし教材研究は指導書のみ、調べ活動は子どもまかせ、社会科見学では見学先の人にお任せということも、しばしばであった。

だが今日の講義を受けて、今までの自分のやり方がとても恥ずかしく、子どもたちにたいへん申し訳ないことであったと痛感した。

村井先生の模擬授業、学生さんがつくった模擬授業のおもしろさに驚いた。授業の着想、ひらめき、文献リサーチ、構想の具体化、データ収集など、たいへんていねいで、努力の足跡が素晴らしい。またパワーポイントを使っての映像提示はたいへんわかりやすく、新鮮で、かつ集中できる。これらの取材やパワーポイントファイルの作成にはたくさんの時間を費やすことであろう。それでも、授業を受ける子どもたちにとってみれば、とてもおもしろい、勉強になる、社会科っておもしろい！と感じられる、たいへん有意義な時間になるであろう。

事務処理に追われ、またそれを言い訳にして、ろくに教材研究をしない自分を反省した。子どもだけでなく、教師仲間や保護者が「へえ！」「おもしろい」と声に出してくれるような授業をつくりたいと、心から思えた。一年に最低二つ、完成度の高い授業レパートリー開発を目標にして、積極的に取り組んでいきたい。
素晴らしい講義をありがとうございました。

この感想にはいささかの謙遜が含まれていると思われるが、仮に額面通りにとれば、この先生はおそらく、教職に就いてから一度も、教師としての心を揺さぶられる場、教職のすばらしさを実感できる機会を持ったことがなかったのだろう。その結果、授業準備に十分な手が回らないまま教員生活を送ってきたようだ。これでは子どもたちは退屈きわまりないだろうし、退屈の元凶である教師に対して敵意や軽蔑心を抱かざるを得ない。授業の実態を子どもから聞いている保護者との関係も、さぞ険悪になるだろう。

教育現場には残念ながら、授業で手を抜く教師も少なくないが、彼らをクビにしたところで、よりよい人材が確保できると考えるのは幻想である。それどころか、教職の不安定さを嫌って、ますます有能な人材が集まりにくくなるだけだ。だからなんとしても彼らに自己変革を迫るしかない。そして、教師たちを変えるのはバッシングではない。馘首される恐怖でもない。何よりも、心揺さぶられる体験なのだ。

心揺さぶられた教師は、教職への決意を新たにし、自己変革を誓う。

● 先生のお話の中で、悪循環を断ち切るのは「授業」しかないんだということを、強く感じました。
目の前の子どもが身を乗り出して、見たり聞いたり話したりする姿をいつも頭に浮かべ、授業を組み立てていかねばならないと思いました。

● 不登校、モンスターペアレント等の問題を断ち切るためには教材研究しかない、教材研究が必要という言葉は胸にすとんと落ちたので、あれこれ言い訳をしている間に教材研究に打ち込みたいと思った。先生の話を聞いていて、今後の授業づくりの抗争がたってきたので、リサーチ、インタビューなど労を惜しまず、一つの授業を作り上げていきたい。

7　おわりに

ここまで長々と述べてきたが、読者の皆さんには、現代日本の学校教師たちが、いかに困難な立場に置かれているか、そしてステレオタイプな教員バッシングがいかに事態をますます悪化させているか、ご理解いただけただろうか。本書と本章の目的は、こうした認識を、教員と教員以外の国民各層の方々とで共有することである。教師たちの心を揺さぶる機会を少しでも増やすことで日本の教育の改革に資することができれば、これに過ぎる喜びはない。

文献

村上春樹（一九九一）『ダンス・ダンス・ダンス』（上）講談社文庫、三五三頁
村上龍（一九九〇）『69　Sixty nine』集英社文庫、二三七頁
山田詠美（一九九六）『ぼくは勉強ができない』新潮文庫、二四三頁

第一〇章　教師はどのようにして生徒の学びが〈みえる〉ようになっていくのか

吉永　紀子

一　授業を〈みる〉ことと生徒の学びが〈みえる〉こととの間

1　生徒の学びが〈私〉にはどう〈みえる〉のかを見つめ直す必要性

授業を参観するとき、あなたはどのようなところに気をつけて〈みる〉だろうか。教師の指示や発問、板書といった教授行為に目を凝らす人もいれば、気になった生徒の一単位時間の動きをじっと観察する人もいるだろう。あるいは、何か特定のものを注視するというよりは、あちらこちらを見回してその都度気になったところに目を向けるという人も少なくないだろう。

私たちが授業をみるとき、どのようなところに視線が向かうかは、往々にして観察者自身が何に対して「関心」や「問い」を向けているかに依るところが大きい。たとえば、授業ではどれだけ多くの発言がなされるかが重要であると見なし、なかなか発言しない生徒に「いかにして発言させるか」に強い関心を寄せていれば、生徒の発言を引き出す教師の働きかけ（どうすれば発言するか）や授業中に何人発言したかなどに注目し、教師が講じた手立ての有効性を検証するように授業を参観するだろう。発言よりもむしろ言葉以外の表情や身体のこわばり、一見授業とは無関係であるかのように思える些細な動きにこそ、その生徒の内側で起きていることを推し量る手がかりがあるのではないかという問いを持っているのであれば、そうしたところに気を配りながら授業を参観し、生徒が本時の課題や他者に対してどのような思考をめぐらせ、かかわろうとしているかをとらえようとするだろう。

このように私たちは何ものにもとらわれずに対象を〈みる〉ことはできないのであり、自身が何に対して関心や問いを向けているか、授業においてどこに価値を置いているかが、授業を〈みる〉見方にも影響を及ぼすのである。しかもそこには観察者の「解釈」が必ず付随する。したがって、複数の観察者が授業をみているとき、たとえ同じ場面をみていても、ある人には〈みえる〉ことが、別の人にはみえていなかったり、別の解釈がなされたりすることは往々にしてある。

一方で、私たちは生徒の「学び」を直接的には〈みる〉ことができない。ある特定の課題や活動など、具体的な文脈や状況において行われる行為（ここでの行為は意図的なものも無意図的なものも含む）の「変化」を通して、その背後にある力や関係性の変化を「学び」としてとらえるほかはない（松下、二〇〇七）。このことに関連して興味深い調査がある。ある中学校では、生徒たちの授業に対する参加の方略が、学業成績とどのように関係しているのかを調べたところ、授業中に質問をしたり、発言をしたりするといった授業への「能動的参加」と成績との間には有意な相関がみられなかったのに対して、人の話を聴く、ノートをとるなど「受動的参加」と学業成績との間には正の相関がみられたという（秋田、二〇〇九b）。つまり、他者から観察しやすい発言や質問などの学習行動においては成績による違いが見られず、一方、ノートの取り方や聴くことといった外側からは観察しにくい学習行動に成績の違いが反映されやすいということが指摘されている。さらに、ある時点からある時点までの「変化」として学びをとらえるという以上は、ある時点での生徒の行為を、スナップ写真のような独立した「点」ではなく、いわばコマ送りのように「多数の点のつながり」として連続的にとらえていく必要がある。このように生徒の学びは複雑であり、授業者自身が生徒の学び（変化）に深く関与している以上、客観的で一様の見方をすることはできず、実にとらえがたいものなのである。

このように考えてくると、授業改善を目的として行われる授業研究においてとりわけ問題にすべきは〈みられる〉側の生徒がどのように学んでいるかという点のみならず、生徒の学びを〈みる〉側の授業者自身、観察者自身が生徒の姿にいかなるまなざしを向けているか、つまり生徒の学びが「〈私〉にはこう〈みえる〉」、「〈あなた〉にはどう〈みえる〉か」という「〈みえる〉主体」としての教師のあり方をこそ問い直し、自らの〈みえ方〉、解釈を吟味することなのではないだろうか（藤岡、二〇〇〇）。

2　授業を〈みる〉ことから生徒の学びが〈みえる〉ようになっていく過程

秋田（二〇〇九a）によれば、熟練教師と新任教師との間には、授業を〈みる〉こと、つまり教室における出来事を知覚し、推論し、想像し、認識し、授業についての心理的に一貫した意味表象を構成するという各々の下位過程において質的な違いがあるという。したがって秋田は、授業におけるさまざまな現象を、複雑なその内側の関連性を把握しながら、より構造化してとらえることができるようになるには、教師にいかなる経験が必要であるのか、教師が授業をみて「〈私〉にはこう〈みえる〉」という自らの〈みえ方〉をどのように自覚し、学び、必要に迫られて変えていくこととなるのか、その質的な変容のターニングポイントをとらえていく教師の学習過程研究が必要であると指摘する。

そこで本章では、教科担任制を基本とする中学校の教師が自分とは異なる教科・領域を専門とする同僚教師たちとともに、生徒の学びに対する自身の〈みえ方〉をどのように変えていくのかを、信州大学教育学部附属松本中学校（以下、松本中学校と略記する）の授業研究実践を手がかりにしながら明らかにすることを目的とする。

二　松本中学校における授業研究はどのようにして行われるのか

1　松本中学校が目指す生徒の学びの姿

「たくましく心豊かな地球市民」を学校教育目標に掲げる松本中学校では、個の学びが成立していく過程に、生徒同士の学び合いがどのように作用しているのかを、生徒一人ひとりの姿を丹念に追うことから明らかにしていく学びの臨床研究が長年にわたって行われてきた。そうした教師たちの実践研究の蓄積から、生徒の学ぶ道すじには〈生徒と生徒の関係性の変容〉という観点でとらえるべき学び合いの姿があることを見出してきた。

生徒と生徒の関係性の変容として、松本中学校は表10－1のように四つの様相があると問題提起す

表10-1　学び合う生徒と生徒との関係性が変容する様相
松本中学校、2009を基に筆者作成

様相	生徒と生徒の関係性の様相
I	一人ひとりが対象（学習課題や教材）に出会い、さまざまな印象やわからなさを懐（いだ）く。印象やわからなさを語り合う活動を通して、生徒たちは対象へのかかわり方を考え合う関係性を築いていく。 **【対象への見方・考え方を考え合う関係】**
II	一人ひとりの見方や考え方を差し出し合う活動を通して、生徒たちは対象に対する見方や考え方を伝え合う関係性へと変容していく。伝え合おうとする必要感は他者への関心に根差してはいるが、いまだ学習活動の共有に留まっている。 **【対象への見方・考え方を伝え合う関係】**
III	対象への見方や考え方を伝え合った生徒は他者への関心から再びものへの関心へと問いの方向を変え、「私はどう考えるか」と、自分の見方や考え方の境界線を越えようとする。境界線を越えたくても越えられない葛藤までも差し出され、見方や考え方を更新し合う関係性をつくっていく。 **【対象への見方・考え方を更新し合う関係】**
IV	自分とは異なる見方や考え方でさえも受け容れ、自分の見方や考え方が更新されていくことさえもよしとし合える関係性にある生徒たちは授業をかけがえのない出来事として自ら価値づけ、くり返し味わい直せる記憶として全身に刻み込んでいく。 **【対象への見方・考え方を尊重し合う関係】**

る（松本中学校、二〇〇九）。こうした関係性の変容を各教科で生徒の姿に照らし合わせて構想し、こうした関係性が〈みえる〉ようになっていくために個の学びの成立を意図的、計画的、継続的に実現できる授業を構想、実践、再構成することに努めてきた。

2　異質な他者との対話でつくる授業研究

松本中学校で行われている授業研究の特徴は、筆者自身による参与観察やアンケート調査[1]をもとにすると以下の三点に整理することができるだろう。

（1）　教職年数や教科・領域などの境界線を越えてグループを組織し、異質な他者として教師同士が対話するなかから、自身の授業や専門とする教科、生徒の学びに対する見方・考え方を問い直していく契機が生まれることを大切にしている。

（2）単元を通した生徒一人ひとりの学びの過程を、「座席表」づくりを通して丹念に追い、対象に対する生徒と生徒との関係性の変容を促していくような授業づくりに力を注いでいる。

（3）授業のビデオ記録を使って教師個人、またグループで授業をくり返し省察する機会をつくることにより、授業におけるさまざまな出来事に対する解釈を共有し、自身の〈みえ方〉を問い直していく経験が重視されている。

これらはそれぞれ独立したものではなく、相互に絡み合いながら教師の学びを支えている。こうした教師たちの探究を促す特徴的な仕組みのなかで、教師の〈みえ方〉はどのように変容していくのだろうか。以下では、二〇〇八年度から二〇一〇年度までの三年間にわたり同校に赴任した数学科の村松晋さんの探究の道すじを手がかりに、この問いについて考えていこう。

三　教師の懐く問いが実践の探究の道すじを決める
――村松晋さんの実践の省察を手がかりにして

1　教師が自身の授業のありかたを見つめ直す問いはどこから生まれてきたか

村松晋さんが松本中学校に赴任したのは教職一五年目のときであった。それまで長野県内の小学校二校（計八年間）、中学校二校（計六年間）に在籍した村松さんは同校に赴任した三年間で校内・公開

表10-2　村松晋さんの研究授業の履歴（2008年度～2010年度）

No.	実践の時期	学年・単元名
1	2008年７月・校内	１年「文字で表そう　カレンダーの不思議」（文字の式）
2	2009年２月・校内	１年「数字に込められた思いを探る」（資料の活用）
3	2009年５月・公開	２年「成功するにはワケがある」（確率）
4	2009年９月・校内	２年「どっちがおトク？」（一次関数）
5	2009年11月・校内	２年「変わるのに変わらない」（図形の調べ方）
6	2010年２月・校内	２年「境界線は平等に」（図形の性質と証明）
7	2010年４月・校内	３年「今ドキ?!　データが語る中学生事情」（標本調査）
8	2010年５月・公開	３年「今ドキ?!　データが語る中学生事情」（標本調査）

授業研究会あわせて八回の研究授業を行っている（実施時期と単元は表10－2参照）。この八回の研究授業を通して村松さんが探究したテーマは「事象を数学的に解釈し合いながら、判断する力を育んでいく数学の学習」であり、このテーマに即して三年間にわたり抽出生徒の原田くん（以下、生徒の氏名はすべて仮名）を中心とした生徒の学びと、それに対する教師の支援のあり方について省察し、目指す数学の学びを実現すべく「グループ研究会」(2)をはじめ、同僚教師たちと授業づくりに取り組んだ。

三年間の村松さんの探究においてターニングポイントとなったのは二〇〇九年九月の第四回と二〇〇九年十一月の第五回研究授業である。この二回の授業がその後の村松さんの授業や学びの〈みえ方〉を変えるものとなった。二〇一〇年五月の三年「今ドキ?!　データが語る中学生事情」の省察のなかで村松さんは次のように綴っている。

> これまでの授業を振り返ってみると、「教えなければ」「伝えなければ」という思いが先にあり、教師の都合で授業が展開されることで、生徒が主体的になっていなかったと反省する。例

えば、教師の発問の中に「これを明らかにすればいいんだけど、どうすればいい?」「これを手がかりに考えてみない?」という言葉があった。生徒の意識とは関係なく、教師の進めたい方向へ引っ張っていく言葉であると考える。教師がこのような言葉を発するほど、教室の雰囲気が重たくなっていくのを感じた(村松、二〇一〇。傍点は引用者、以下同様)。

教室の雰囲気の重さをいつも以上に感じた二年「どっちがおトク?」(一次関数)実践、「教師の都合」や「教師の進めたい方向」と生徒の意識とのすれ違いを肌で感じた二年「変わるのに変わらない」(図形の調べ方)実践は、村松さんをどのような問いへと向かわせたのだろうか。そして実践の省察と探究を通して、村松さんには生徒の学びや授業がどのように〈みえて〉いったのだろうか。

2　対象への見方・考え方を更新しあう関係へと編み直されていく授業づくりへの探究

(1)　生徒の学びを確かなものにする「教材」のもつ力を信じる

村松さんの「教えなければ」「伝えなければ」という思いを生み出していたものは何だったのだろうか。右記の研究授業に関する八編の省察記録を辿ってみると、一つの仮説が見えてくる。それは教師になった当初から村松さんが教材のもつ力に強い関心を寄せていたことと深い関係がある。教師が教材のもつ力に強い期待を寄せていったことが、「教えなければ」「伝えなければ」という焦りを加速させていく一つの契機になっていたのではないかということである。

教師になって二校目となるT小学校で村松さんは、教材研究に非常に熱心に取り組む先輩教師と出会い、そのときに教わったことは今でも授業づくりにおいて大切にしているとふり返る。T小学校では、当時まだ全面実施となっていなかった「総合的な学習の時間」に相当する時間がカリキュラムに位置づけられ、子どもたちの意識の流れを大切にした授業を構想・考察する研究文化が根づいていたことから、村松さんは子どもの興味・関心を大切にした学習材の発掘に取り組む重要性を同校で学んだという。そこでの経験から、教科の学びにおいても生徒の日常生活の中から素材を選定していくことによって、生徒自身が必要感をもって学ぶ展開を授業に創り出すことができると考え、松本中学校に赴任してからも数学の「数と式」や「数量関係」、「図形」の各領域において生徒の日常生活に埋め込まれた数理を学ぶことのできる素材の発掘や教材研究に力を注いできた。

たとえば、一次関数（二年）ではレンタルビデオショップのカードを素材に、利用状況に応じたポイント還元率や年会費などを一次関数で表すことを教材化したり、標本調査（三年）では全国から十二の中学校を無作為抽出して行われた携帯電話の所持率に関するアンケート調査という素材から教材を作成したりしてきた。松本中学校に赴任した当時、村松さんは受け持ったクラスに「数学が苦手」という意識を持った生徒が多くいるが、しかしその反面、「かなりの思考力を要する問題に対して試行錯誤をくり返しながら自分で解決しようとする姿」や「授業が終わってからも考え続けたり、数日後の生活記録に『この前の問題について考えてみました』と答えを書いたりする生徒」の様子を捉え、こうした姿が「数理を獲得するプロセスに楽しさを感じている姿」なのではないかと考えた。抽象的思考を要する数学においてもできるだけ具体や半具体を行き来しながら次第に抽象的な考え方に近づいていくことのできる教材・教具の開発・研究は、村松さんにとってこれまで大切にしてきた授業づくりのスタイルであり、松本中学校の生徒の実態を踏まえた切実な課題となっていたのである（村松、二〇〇八）。

(2) 教材のもつ力への期待・信頼と、生徒の意識の流れを大切にすることとのはざまで

このようないきさつのなかで、「この教材を用いることによって、生徒の思考は活発になる、数学の楽しさを実感できる」といった、教材の備える力に対する期待や信頼が村松さんのなかで高まっていったことが、一方では教師の「教えなければ」「伝えなければ」という焦りを加速させていったとも捉えることができる。そこに揺らぎが生まれ始めたのが、教室の空気の重さを感じることとなった前述の「どっちがおトク？」（二年・一次関数）実践であった。では、この揺らぎにつながる村松さんの問いはどこに端を発しているのだろうか。それは「どっちがおトク？」実践の約半年前の二〇〇九年二月に行われた「数字に込められた思い」（一年・資料の活用）実践にまでさかのぼることができる。

本時は、お年玉をめぐる調査結果が「小学校一年生のお年玉が平均二万五千円。最高一七万円も」という見出しで紹介された新聞記事を素材としている。統計調査においては「平均値＝中央値」とは必ずしもならない場合が多々あり、生徒にとって「身近な数に実感とは大きくずれる感覚」をもつことのできる教材を準備した。生徒たちは平均値や中央値、最頻値などの中から何を代表値にするかの根拠を考え、見出しの平均値に込められた意味を解釈し直していくことを通して、その根拠の妥当性についてともに考えあっていった。

本授業について村松さんは、生徒の気づきが出し合わされる場面に即応して「数学的な用語（最頻

値や中央値など)」を定義していく教師の適時的な支援が有効に働いていたとふり返っている。しかし一方で、友の解釈との違いに目を向け、解釈の根拠を問いあうことによって互いの見方・考え方を更新していく(表10－1の様相Ⅲへと生徒たちの関係を編み直していく)契機となる生徒の発言があったにもかかわらず、教師が数理的に解釈しあう場面を充分に構想できていなかったために、そこに焦点化できなかったと省察している。ここでの出来事から村松さんは、「授業のコーディネーターとしての教師の支援」の重要性へと問題意識をシフトさせていく。綿密な教材研究を重ね、生徒のこれまでの見方や考え方を揺さぶるだけの力を備えた教材を開発してきたからこそ、授業の中で、教師の意図的指名やコーディネーターとしての支援が生徒の学びを確かなものにしていく上でいっそう重要な役割を担っていることを村松さんは認識したといえる。

「授業のコーディネーターとしての教師の支援」はどうあるべきかを強く意識するようになった本実践から三か月後、「成功するにはワケがある」(二年・確率)実践が行われた。この実践を通して、抽出生徒であった原田くんの姿が物語っている意味を省察するなかで、村松さんは自身の問いに対する確かな手ごたえを感じていった。本時、原田くんは「自分の見つけたきまりには、なにか意味がありそう」だと考えていた。そこに「同じように追究している友の考えに触発され、新たな見方や考え方に気づいていく」ことができた原田くんの姿を村松さんは目の当たりにしたのである。「生徒が今までもっていた見方や考え方が揺さぶられるような単元構想と教材開発」の必要性を再認識すると同時に、生徒の意識の流れに沿いながら意図的指名をすることで「対象への見方・考え方を更新しあう関係性」を生徒たちの間に構築する授業づくりへの見通しを明確にしていくこととなった。

(3) 対象への見方・考え方を更新していく生徒が授業に求めているものは何かを問い直す教師

この四か月後に行われた「どっちがおトク?」(二年・一次関数)実践では、レンタルショップで設定されている年会費やポイント還元率の異なる複数の会員カードが、利用頻度によっては、いずれのカードを選択するかによって損得が変わってくることを教材化した。二つの変数(X軸とY軸)を何にするかによってグラフの形が変わり、グラフから読み取ることのできる内容も異なってくるため、利用者の損得を表すグラフの妥当性を考えあうことを通して、日常生活の中でも関数を利用すれば比較や予想ができたり、判断ができたりすることに気づいてほしいと願い、授業を行った。

ところが、生徒が自分の考えたグラフのメリットやデメリットなど、解釈したことを互いに説明していくにつれて、村松さんには「教室の雰囲気がいつもより沈んでいる」ように感じられた。その要因として大きく二つのことが関係している。一つには、教師がよいと思っている見方や考え方を生徒はそれほど容易には受け容れようとはしない、という事実に村松さんが授業のなかで直面していたことが挙げられる。抽出生徒としてそれまでの一年半に渡って学びの履歴を丹念に見つめてきた原田くんは、一次関数の「グラフ」ではなくむしろ「表」を使って「数の並びから規則性を見る」という自分の「軸となる数学的な見方や考え方」にこだわりをもって学んでいた。その原田くんが本時の課題であるグラフのどこによさがあるのかを感じられていないことに教師は気づくことができていなかった。村松さんはこのことが本時の「最大の課題・反省点」であったと語っている。事象を数学的に解釈しようとするとき、根底にはその生徒の「軸となる数学的な見方や考え方」がある。「軸となる数学的な見方や考え方」のどのようなところにその生徒はよさを感じているのかを把握することができていなければ、容易には編み直されていかない生徒の見方・考え方を更新していく方向に、授業のコーディネーターとして教師が適時的な判断を行うことはできないことに気づかされたのである。

もう一つの要因は、生徒自身が友の解釈やその根拠を問いあう必要感をどこに見出していくのかが教師にみえていなかったことに関係している。沈んだ雰囲気に包まれていた教室で授業も後半にさしかかったころ、川口くんが自分とは全く異なるグラフを書いた藤田くんの解釈を聴き、グラフの有効性について自分が全く気づいていなかったことを伝えてくれた藤田くんに対して、称賛の言葉――「僕はグラフを書くときに、損したお金っていうのが全然気がつかなかったんで、藤田くんはすごいなと思いました」――を語ったときであった。この一言を聴いた周りの生徒たちに笑顔が広がり、教室の雰囲気がぐっと変わったのである。村松さんが身体で受け止めたこの出来事は、ともに授業づくりに取り組んできた「グループ研」のメンバーにも深く印象づけられた。授業後に行われた「グループ研」で、同僚教師たちは村松さんに問いかけた。――「本時の学習課題は果たして生徒が本当に考えたくなる問いになっていたのだろうか」、「生徒が本当に考えたかったことは、自分にとってのグラフの意味、相手にとっての『おトク』とは何かということではなかったか」。――この問いをもとに、さらに省察を重ねた村松さんはこのときのことをふり返って次のように綴っている。

> 自分のグラフに対する見方や考え方を広げてくれた友へ、素直に感謝の気持ちを表現した川口くんの思いをクラス全体が受け止めた瞬間であった。この瞬間、いつもの和やかな教室の雰囲気に戻った。本時、生徒が語り合いたかったことは、このグラフを自分なりにどうやって活用していけるかということ

や、新たな見方に気づいた感動、気づかせてくれた友への感謝であることがわかる。……本時、生徒が解釈しあいたかったことは「あなたにとってのお得って何」ということであり、判断したいことは「私にとってお得とは何か」であったと考える。そこを確認した上ではじめて、自分にとって必要な情報（自分にとってのお得）が表れているグラフを選択することができる。本時はグラフの解説に終始し、そこまで高まっていかなかった。……生徒が考えたくなっていることは何かをもう一度考え直してみたい（村松、二〇〇九）。

自分とは全く異なる考えの友に出会い、その友によって対象に対する見方や考え方を更新することができた喜びや感謝の言葉を語り出さずにはいられなかった生徒の姿から、「学ぶ」ということが、「自分にとっての意味」を考えずにはいられなくなる営みであり、学んでいく対象が自分にとってどのような価値を持っているものであるのかを明らかにする営みであることに村松さんは気づかされた。そうした「自分にとっての意味」を見出すことができるような授業を自分はこれまでしてきたかどうか、村松さんが自身の実践を根本から問い直す大きな契機となった実践であった。

3　数学という教科に対する見方を問い直す契機となった
「数学を学ぶ楽しさ」を味わう生徒の姿

（1）生徒同士の学び合いのゆくえを大きく左右する個の学びを確かなものにすることへの問い

授業を通して生徒と生徒、生徒と対象との関係が編み直されていくためには何が必要であるのかを問いながら、村松さんは「変わるのに変わらない」（二年・図形の調べ方、二〇〇九年一一月）実践に向かっていった。本時は、平行線や三角形など、これまで明らかになった図形の性質を根拠として使いながら「くさび型（凹四角形）」の角の関係（角A＋角B＋角C＝角D）について説明できるようにするというねらいのもとで行われた。くさび型と出会った生徒たちがまずどこに補助線を引いてみたくなるか、その補助線はこれまで学習してきた図形の性質の何を根拠にしようとして引いたのかを考え合う活動から授業は始まったが、多くの生徒は補助線をいろいろ引いてはみるものの、そこに引くと、既習の何が使えるのかが見えていない状態にあった。村松さんは補助線を引き始めた生徒にそのように引いた根拠を語るように促したものの、生徒からは「よくわからない」という言葉が続いた。村松さんはこの「わからない」という言葉を、「見通しは立っているが、説明の仕方がわからない」という意味に捉えてしまい、すでに補助線を引いていた本城さんの考えを全体に紹介して、「今どうしようかなと困っている人たちもいるので、これを手がかりにして考えてみない？　陽介くんや真理さんの疑問を解決してあげてください」とつないだ。補助線を引けずに困っている生徒と、すでに線を引き始めた生徒とをコーディネーターとして教師がつなぐことによって、生徒一人ひとりが既習の性質を根拠に補助線の意味を解釈し始めるのではないかという判断からであった。

ところが、補助線を引くことに対する自分の「軸となる見方や考え方」が一人ひとりの中に明確に意識されないまま教師がコーディネートしたことによって、くさび型の図形に補助線を引くことへの必要感や有効性（平行線や補助線を引けば、角を移動できる、集められるという見通し）を生徒たちは感じることができず、さらに自分の考えを持ち得ていない状態で本城さんの疑問を考えようという流れに強引に引っ張られたことから、多くの生徒が互いの考えを理解しあうところに至らなかった。

こうした生徒たちの姿をもとに本実践を省察した村松さんには、次の三つの問いが強く意識されていった。一つには生徒一人ひとりが、「どうこの問題を自分の問題にしていこうか」と考えていけるような教材にするにはどのような条件が必要であるか、二つ目には、自分とは異なる見方や考え方の他者を求めて生徒が動き出し、他者の解釈を聴きたくなる状況をつくるためには、教師が生徒一人ひとりにとっての「わからなさ」が何であるかをどのように把握していくべきか、そしてもう一つは、そうした教材や教師のありようを規定する数学という教科の役割とは何なのかという問いである。

数学という教科は、考え方を学ぶ教科だと考えている。日常生活の中ではものごとをはっきりさせようとすると必ず数理が必要となる。数学を学ぶことで、数理を使って客観的に判断したり、思考したりしていくことができる生徒を育てたい。しかし自分一人だけで考えていくことには限界がある。自分だけでは見えていなかったものが、友の考えを解釈しあっていくことで、よりすっきりした考え方が見えてくる。(村松、二〇〇九)

生徒の育ちに対する数学という教科の役割を村松さんが自問するようになったのは「グループ研」での議論も影響している。「グループ研」のメンバーである異教科の教師たちは村松さんの考える数学観に対して問いを投げかけた。「数学という教科の特徴は『答えが一つに決まる』ということである。しかし、答えが見つかってしまえば、友が別のやり方で解いていても、『ふーん、そういうやり方もあるのか』とは思うが、それ以上は深まっていかないし、おもしろくないのではないか」という問いかけは、「一つの答えにたどり着くのにもいろいろな道筋があること」も数学のおもしろさの一つであるととらえていた村松さんにとって、数学という教科、数学の授業のあり方を問い直す必要感を高めるものとなった。

（2）学校という場で数学を学ぶ楽しさを味わう生徒たちの姿との出会い

数学という教科の役割に対する問いと向き合いながら自身のこれまでの実践の省察をさらに深め、三か月後、村松さんは二年「境界線は平等に」（図形の性質と証明）実践を行った。本時は折れ線の境界線で区切られた土地を、左右それぞれの土地の面積を変えることなく、境界線を直線にするにはどうしたらよいかを考えることを通して、自分が引いた補助線の根拠を、三角形の合同条件や等積変形を用いながら説明しあい、互いに見つけた直線がすべて平行四辺形の重心を通ることを見出すことがねらいであった。本実践では村松さんがこれまでの授業スタイルから大きく変えた点が三つある。

・数学の大きな特徴である「答えが一つに決まる」ということにかかわって、これまでであれば「いくつもの境界線が見つかってよかったね」で授業が終わっていただろう。しかし、見つけた境界線の共通点を問うことによって、それぞれに答えを見つけるだけでなく、「自分一人の考えでは見えなかったが、みんなの考えを合わせたときに見えてくるものがある」素材の選定を行った。

・これまでであれば、黒板に問題を提示したり、学習プリントを配布したりして「さぁ考えてみよう」という導入で授業を始めていたが、学習課題の解決にイメージと見通しを持つことのできる教具を用意し、すべての生徒が教具の中に自然と数理を使って考えたくなる要素と出会えるようにした。

・同じところに補助線を引いてはいるが、異なる根拠で考えている生徒同士がグループになるようにし、友の考えを知りたくなったり、自分の考えを伝えたくなったりするようにした。さらに、各グループが見つけた境界線に自分たちで名前をつけることによって、説明が伝わりやすくなるようにした。

このようにこれまでの授業スタイルを大胆に変えた本実践は、村松さんにとって、これまで悩みもがきながら探究してきた問いに一筋の光を投げかけるものとなり、「数学科の教師として目から鱗が落ちた瞬間」であったという。それは、数学に対して苦手意識をもっている生徒たちが友の解釈を聴き、対象に向きあいながら自身の考えを、明確な根拠をもって語ることができた姿を目の当たりにしたこと、そして、これまでの自身の数学観、授業観を見つめ直し、今までの授業スタイルを大きく変えたことが「学校という場で数学を学ぶ楽しさを味わう」生徒たちの語りを生み出したと実感できたことであった。さらに興味深いのは、数学を苦手とする生徒だけではなく、数学を得意にしていた村井さんの学ぶ姿を通して、自身の授業への新たな問いを見出している点である。

村井さんはすでに塾で教わり、「等積変形」を知っていたため、さかんに「等積変形」という言葉をつぶやいていた。「解き方は一つ（等積変形）しかない」と思っていたのだ。……しかし、その後の全体追究の場で、いくつもの友の考えに出会い、「一つの解き方にしばられていた」自分に気づく。村井さんは毎日の提出ノートに平方根や三角関数の問題を解いてきたり、数学雑誌に問題を解いて投稿し、成績優秀者の欄に名前が載ったりするような生徒である。教師は、そんな村井さんを「数学に対する興味関心や能力が高い生徒である」としかとらえていなかったことに気づいた。今回の村井さんの姿や生活ノートの記述を見て、これまでの授業の中でさまざまな見方や考え方を楽しむという数学のおもしろさに触れさせることができていたのだろうかと考えさせられた。友の発言を笑顔で聴く村井さん、「いろんな見方ができる学校っていいな」と記述する村井さん。これからも、このような村井さんの姿に出会いたい（村松、二〇一〇）。

「数学が得意な生徒」というように、生徒を一般化してとらえることから自身を解放したことによって、生徒一人ひとりが学校という場で数学を学ぶことにどのような意味を見出し、数学の授業をどのように生きているのかをみようとする目を村松さんは意識するようになった。

生徒の学びの事実が自分にはどのように〈みえて〉いるのかを省察していくなかで村松さんが直面した問いは、教材‐学んでいる生徒一人ひとりの意識の流れ‐コーディネーターとしての教師のあり方‐数学という教科のもつ役割‐学校という場における授業のあるべき姿へと徐々にその対象を広げていくと同時に、それぞれの問いが実践を省察していくなかで強く連動しあうものとして受け止められていった。授業という複雑でダイナミックな営みのなかに一人ひとりの生徒の多様な学びの事実を省察する複眼的な視点を持つことを可能にした要因は、松本中学校で教師一人ひとりの批判的な省察を支える探究の文化・仕組みが継承されてきたことだけではないだろう。授業における生徒一人ひとりの姿が自分にはどのように〈みえた〉のかを一人称の言葉で語り、主観的な〈みえ方〉を排除しないからこそ、自身の経験に誠実にならざるを得ない状況が生み出されていく。そうしたなかで「どうすれば～できるか」という技術的な方法論を探究する問いに還元されない多元的な問い――教師自身の学び観、授業観、教科観、生徒観を見つめ直す問い――が何層にも絡み合い、そうした問いによって自身の実践を省察・再構築していく視点が教師に自覚化されていったことが深く関係しているといえよう。それまで自明視していた授業への信念を見つめ直す営みは、多様な視点をもつ他者（同僚教師、生徒）とのかかわりに支えられながら、教師一人ひとりの省察の内実に大きくかかっている。

注

（1）　二〇一〇年八月、同校に赴任した経験を有する教師たち二〇名に対して「教師による実践の省察を支える授業研究と学校文化の関係」に関するアンケートを実施した。内訳は、着任して一年未満の教師六名（男性五名、女性一名）、二年以上在籍した教師一四名（男性一二名、女性二名）で、うち一名は副校長経験者である。同校着任時の平均教職年数は一二年である。また、二〇名中一三名は小学校で三年以上の教職経験を有している。

（2）　同校では、一つの重点研究教科、領域に対して七～八名の教科も教職年数も異なる教師たちがチームとなって一年間授業研究をともに行っていく仕組みがあり、「グループ研（グループ研究会）」と呼ばれている。「グループ研」では授業後の省察を協働で行うだけでなく、素材の選定や教材研究、単元構想の具体化についても授業者の考えや問いに対して議論したり共に考える体制になっている。詳細は吉永（二〇一〇）を参照されたい。

文献

秋田喜代美（一九九六）「教師教育における『省察』概念の展開――反省的実践家を育てる教師教育をめぐって」、森田尚人・藤田英典・黒崎勲・片桐芳雄・佐藤学編『教育学年報第五巻　教育と市場』世織書房、四五一―四六七頁

秋田喜代美（二〇〇九ａ）「教師教育から教師の学習過程研究への転回――ミクロ教育実践研究への変貌」矢野智司・今井康男・秋田喜代美・佐藤学・広田照幸編『変貌する教育学』世織書房、四五―七五頁

秋田喜代美（二〇〇九ｂ）「質の時代における学力形成」東京大学学校教育高度化センター編『基礎学力を問う――二十一世紀日本の教育への展望』東京大学出版会、一九三―二三三頁

Schön, D. A. (1983) The Reflective Practitioner : How Professionals Think in Action. NY: Basic Books.（ドナルド・ショーン／柳沢昌一・三輪健二監訳、二〇〇七『省察的実践とは何か――プロフェッショナルの行為と思考』鳳書房）

藤岡完治（二〇〇〇）『関わることへの意志――教育の根源』国土社

国立教育政策研究所（二〇一一）『教員の質の向上に関する調査研究報告書』

松下佳代（二〇〇七）「パフォーマンス評価による学びの可視化」秋田喜代美・藤江康彦編『事例から学ぶはじめての質的研究法　教育・学習編』東京図書、二七五―二九五頁

村松晋（二〇〇八―二〇一〇）『数学科学習指導案・座席表・研究職員会審議資料（研究授業の成果と課題、今後の方向）』

信州大学教育学部附属松本中学校（二〇〇七―二〇一一）『研究紀要・記録とまとめ』第五一集―第五五集

吉永紀子（二〇一〇）「生徒・同僚との〈対話〉を通して〈学びとは何か〉を探究する教師たち――〈学び合い〉が生まれる学校づくりを目指して」秋田喜代美編著『教師の言葉とコミュニケーション――教室の言葉から授業の質を高めるために（教職研修総合特集）』教育開発研究所、一八四―一八九頁

第一一章　制度としての「評価の圧力」の下での実践の創造

鋒山　泰弘

一　はじめに

日本の学校現場の仕事として、教師に徒労感を感じさせているものに、いわゆる「評価」の仕事がある。たとえば、次のような実態である（朝日新聞教育チーム、二〇一一）。

・通知表の絶対評価の項目として、「関心・意欲・態度」が入っており、なぜそう評価したかという具体的な証拠がいるので、提出物をきちんと出しているかなどの記録をとらなければならない。

・学力テストで成績のふるわない学年は、学習指導に力を入れるように管理職から言われる。普段通りにしていると点数はあまり取れないので、準備として過去問題や練習問題にたくさん取り組み、点数を上げようとする学年や教員も出てくるようになった。
・学校の目標を決めるとき、「朝の読書を△人から○人へ」と数値を盛り込むことに違和感を抱く。

このように「評価の仕事」とは、外から成果をきめられ、させられ、点検を求められ、責任が問われるというものになっている。本来、評価は「何に価値を置くか」ということについての決定であるとすれば、労多くして価値が感じられない「評価行為」とは、教師にとって「徒労」でしかない。

本章では、「教育評価」を創造的なカリキュラム・授業づくりに生かしている教師の事例を検討することで、制度としての「評価の圧力」の下でも教師にとってやりがいのある教育実践を創造していくための展望について考えてみたい。

二　新しい教育評価の方法を実践に取り入れるとは

1　パフォーマンス評価という方法

日本の「目標に準拠した評価」の制度では、「関心・意欲・態度」「思考・判断・表現」「技能」「知識・理解」などの「観点」別に評価する作業が、教師の仕事の過重負担となっている。それが子どもの学習を的確に分析し、指導の展開に有効な情報を提供してくれるものであればよいが、現実は評価基準が増えるだけで、子どもに育てたい学力が教師にとって見えないものとなっている。

教科教育を通して、子どもに最も身につけさせたい「総合的な力」とは何か、学校を出ても剥落せずに残しておきたい「理解」とは何か。このような問いが、「評価」を考える前提として教師に問われる必要がある。

この課題に応えるために、アメリカでの教育目標・評価論である「真正の評価論」（標準学力テストを批判し、現実世界で実行されているリアルな課題を反映した評価が行われるべきであるという理論）とパフォーマンス評価（現実的で真実味のある場面を設定して、そこで生み出される学習者の振る舞いや作品を手がかりに、知識・技能の総合的な活用力を評価する方法）をカリキュラム設計の中に位置づけた理論も紹介されて、日本で実践も普及し始めている（田中編、二〇一一）。特に、「観点別」の「思考・判断・表現」の評価の方法として注目を集め実践も広がっている。たとえば、中学校一年生の理科の例で、パフォーマンス評価として、次のような課題が作られている（西岡編著、二〇〇四、一〇二―一〇三頁）。

メダルの識別―実験計画書―

「あなたは、ある日、庭でメダルやその破片のようなものが埋められているのを発見した。これらのメダルは価値のあるものなのか、何からできているか（銀、銀以外の金属、もしくはプラスチックか）を調べたいと考えた。三つのメダルは見かけはすべてくすんだ銀色をしており、大きさも形もちがっている。どのようにして調べればよいだろうか。まず、どのような結果が出れば、何が明らかになるのか、そして何種類の実験をどの順番でする必要があるのかを示しなさい。その上で、その一つ一つの実験について準備物や方法を示し、結果と考察を書けるようにした実験計画書を作りなさい」

このようなパフォーマンス評価の課題による「目標に準拠した評価」という時の、「目標」とは何であろうか。たとえば、「鉄の性質を知る」というような事実的知識のレベルならば、従来から正誤のはっきりしたペーパーテストで評価されてきた。「金属の性質がわかる」という一般化された概念的知識の理解のレベルや、「金属の性質を利用して、与えられた物質が金属かそうでないか識別することができる」という、概念的知識の活用に単純なスキルをともなったレベルも、記述式テストや実技テストを用いて評価は可能である。

しかし、この課題に即して設定しうる目標にはさらに、「未知の金属を識別するために、金属に関する複数の性質を活用して、仮説をたて、複数の実験を計画・実行し、その結果にもとづいてその金属が何であるかを検証・推定することができる」といった「複数の概念やスキルを活用し、科学的思考のプロセスを実行できるという」レベルのものもある。

前記のパフォーマンス評価の課題は、このレベルの目標を評価しようとしている。学校で理科を学ぶ意味は、このレベルの目標の学習に取り組むことであるが、このレベルを評価するテスト課題は十分にこれまで開発されてこなかった。

このようなパフォーマンス課題が評価しようとしているものを、さらに上位の教育内容として概括すれば、「すべての物質は分子（さらに原子、素粒子）と呼ばれる粒子から構成されており、それぞれ固有の性質をもっている。その性質を利用して、人間は物質を識別する方法を作り上げてきた」という科学の「原理と一般化」となろう。以上の知識・スキルの全体像を階層構造として表すと、次の表11－1のように「知の構造」としてまとめることができる。

表11-1　「知の構造」の例（西岡編著 2004、p. 15を参照して作成）

事実的知識	個別的スキル
（例）各金属の名前を知る。 各金属の硬さ、色、密度、通電性についての知識。	（例）各金属の性質を知るために、たたく、磨く、通電性があるかを確かめるスキル。
転移可能な概念	**複雑なプロセス**
（例）「金属」という物質に共通する性質。 「金属」以外の物質の性質。	（例）未知の物質を識別するために、金属や他の物質に関する複数の性質を活用して、仮説をたて、複数の実験を計画・実行し、その結果にもとづいてその金属が何であるかを検証・推定することができる。
原理と一般化	
（例）すべての物質は分子（さらに原子、素粒子）と呼ばれる粒子から構成されており、それぞれ固有の性質をもっている。その性質を利用して、人間は物質を識別する方法を作り上げてきた。	

教育内容の核としての「原理と一般化」の「理解」とは、小、中、高、大学、さらには、大人の研究現場の実践として、繰り返し深め、探究していくべきものであり、「理解の到達点」を固定的に考えるべきではない。しかし、その「理解の質」の高まりの程度は、学習者が各段階で学ぶ知識と技能、教材・教具を活用して、外に表現するパフォーマンスを通して推察することができ、そのことによって「目標に準拠した評価」が可能であるというのが、新しい評価法が提起されている意味である。「ルーブリック」とよばれる、課題の成功のレベルに対応したパフォーマンスの特徴を記述的に表現した評価基準の作成も、「ポートフォリオ」（学習過程で生み出される作品を蓄積したファイルで、それを通して学習過程と成果を評価し、相互検討し、助言するために利用するもの）作成も、子どもの表現を通して「核となる教育内容」の「理解の

質」を探究していくという継続的な営みであると捉えて、取り組まれていく必要がある。

2　子どもの体験と切り結ぶパフォーマンス評価

「真正の評価」の考え方やパフォーマンス評価に通じる実践は、これまでも子どもの体験と教育内容の結びつきを追究してきた日本の数多くの教師たちによって取り組まれてきた。そのような事例を検討することによって、「評価の仕事」が教師を多忙化させ、追い込むものではなく、子どもと共に充実した授業を作りだしていく延長線上に位置づいたものになる条件を考えたい。

東京の小学校で、子どもの生活体験と切り結ぶ形で算数の授業を作り出してきた森川みや子の実践記録『体験から学ぶ算数』（二〇〇四）で描かれている各学年の実践は、パフォーマンス評価と銘打たれてはいないが、その考え方に通じる実践が日本での算数授業づくりの蓄積にあることを示している。そこで描かれている小学校算数の実践（一部）を、「パフォーマンス課題（と考えられる活動）」、「探究活動の典型的なエピソード」、「対応する本質的な問いと永続的理解」の三つの視点から表11-2にまとめてみる。なお、「本質的な問い」と「永続的理解」とは、アメリカのウィギンズによる用語で、「永続的な理解」とは、細かな知識やスキルは忘れたとしても、大人になっても理解して残しておくべき教育内容を表し、「本質的な問い」とは、そのような内容を明確にするための各学問分野の中核的な問いを指す（西岡編著、二〇〇四を参照）。

このような森川の小学校算数の「体験活動」は、これまで日本の多くの小学校の授業で行われているものが多いし、特に新しいものにはみえないかもしれない（また現在求められるパフォーマンス課題

表11-2　小学校算数のパフォーマンス課題例
（『体験から学ぶ算数』pp. 25-30、pp. 56-58、pp. 92-93）

<table>
<tr><th>パフォーマンス課題</th><th>探究活動の典型的なエピソード</th><th>対応する本質的な問いと永続的理解</th></tr>
<tr><td>「校庭絵地図づくり」（１年）：校庭にあるモノ（運動器具など）の正確な数を絵と数字で表して表現してみよう。</td><td>校庭探検の際に、教室に帰ってきた子どもに、「校庭でブランコは何個ありましたか」と、問いかける。すると「２個かな」、「１つかな」、「何個だったっけ。先生もう一回みてこようよ」と、子どもはブランコの数を確かめたくてうずうずしています。</td><td rowspan="2">「人間は数をなんのために作りだして、使っているのだろうか」
・数は、順番だけでなく、集合としての多さの表現でもあることがわかる。
・集合としての数を決めるためには、何を数えるのかという共通属性をはっきりさせることが必要である。</td></tr>
<tr><td>「仲間作り算数」（１年）：長縄で大きな輪を作り、「今日、信号のあるところを通ってきた人はこの輪の中に入ってください」と教師が呼びかけることから始まり、子どもから次々と「仲間作り」の観点を出してもらう。</td><td>・みえちゃんが「先生、かわいい子でやろうよ」と言いました。「えっ、それは無理」と思いつつ、きっと子どもがこの仲間作りはできないことに気づくとだろうと思い、やってみました。</td></tr>
<tr><td>「数の分解の紙芝居作り」（１年）：初めに、１枚の絵＜卵が７個の絵＞を見せる。「卵がどうなったかな」と子どもに予想させる。「ひよこになるよ」、「目玉焼きにするんだよ」と、当てっこをする。次に、二枚目の絵＜４羽のひよこと３個の卵の絵＞を見せる。このような数の分解の紙芝居のお話づくりを絵に描く。</td><td>「青虫さんが10匹いたのね。そのうち３匹が蝶になったの。10は３と７だよ。」「お母さんが球根を10個集めたの。そのうち８個が芽を出したの。10は８と２だよ。」算数のノートいっぱいに分解のお話を絵にかき、「先生に聞いてもらうんだ」と、子どもは張り切って教師のそばにやってきます。</td><td>「数は、どのように分解したり、合成したりすることができるか」
・数は、分解できることがわかる。
・分解された数を合成すると、もとの数になることがわかる。</td></tr>
</table>

パフォーマンス課題	探究活動の典型的なエピソード	対応する本質的な問いと永続的理解
「ブックカバー作り」（２年）：愛読書から１冊選び、その本にあったブックカバーの設計図を書き、布を切る。お母さんに布を縫ってもらうことの手紙を書き、実際に縫ってもらう。	子どもは、cm と mm の位をそろえて計算することや、10mm になったら１cm に繰り上がることなどを、計算の中で獲得していきました。また、「グループの友達に計算が正しいかどうか確かめてもらってね」と言うと、隣の友達の計算の確かめ算をさっと行いました。	「人間は長さをつたえるためにどのような方法を考えたのか」 ・人間は長さを測る共通の単位を作りだし、長さの情報を伝えている。
「お店屋さんの立場に立って割り算の問題を作ろう」（３年）：社会科の地域学習と結び付けて、実際にお店を見学し、大量に品物を扱っているお店屋さんの実態を知ってから、本物のお店屋さんの問題作りに取り組む。	私（教師）から子どもへのアドバイスは、次のようなものです。扱う数が少ない子には、「たったこれだけを売るのではお店は一日で潰れてしまうよ」と、大きな数を扱っている子には、「どうやって計算したの？」と計算の方法を説明させます。	「人間はどのような場面の問題解決のために割り算のやり方を考えたのか」 ・割り算には「等分除」と「包含除」の二つの意味があることが分かる。

では、複数の知識を総合的に活用させる現実場面の切り取りが必要であろう）。しかし、「パフォーマンス評価」を「また増えた評価の仕事」として、教師の多忙化を加速化させるものにするのではなくて、子どもの探究心を育む授業づくり・教材づくりのこれまでの成果に学び、生かすことと統一的に考えてみる事例として適している。パフォーマンス評価としてみた時に以下の点が重要である。

パフォーマンス課題（と考えられる活動）が、「遊び」「紙芝居づくり」「工作」など、子どもの好奇心・探究心にもとづく活動づくりの延長線上に位置づき、かつ、教科の本質的な問いと内容に密接に結びついたものになっていること。さらに、「わかる」ことには、「経験的なエピソード」「イメージ」「身体的な動き」がともなうことを重視し、行為・行動、話しことば・書き言葉、絵図などの多様な表現（パフォーマンス）を引き出せること。その表現を通して教師は教科の最も重要な概念に関する子どもの理解の深まりの質が見える力量をもっていること。さらに、パフォーマンス課題が年間の教育課程を通して子どもにどのような学力をつけるのかという見通しのもとに行われていることである。

たとえば、森川は、「数の分解の学習はおつりがいっぱい」という表現で、四の数字の分解から始めて一〇の数字の分解まで、一ヵ月以上かかった（教科書の進度だけを気にすると「たし算」の単元に入っていないことが心配になる）ことの意義を次のようにまとめている。「子どもは、数の分解を多くの方法で学んだ結果、数は単なる記号としての数ではなく、数と数の関係として数を認識できる」「次に学習するたし算・ひき算でも、子どもは計算の結果がわかっているので、多くの子が計算そのもので苦労しない」「数える・声に出して言う・絵を描く・分けて数える・お話の場面を考える、などの豊かな体験や活動に裏づけられた数学習は、子どもの柔軟な数思考のもと」（三六頁）。

このような教育課程づくりの見通しの経験を豊富に持っているベテラン教師の知恵から学ぶことも、「学力向上」の「評価の圧力」に抗して、子どもと豊かな学びを作り出していくためには必要であろう。

三　子どものための「評価の日常化」とは

「目標に準拠した評価」が指導要録の「評定」に取り入れられた二〇〇一年以降、文部科学省・国立教育政策研究所が制作した評価規準に律義に従い、毎日、項目ごとの出来具合や生徒のやる気を評価してきた教師も多い。日々小テストを行い、生徒の態度をチェックし、その都度成績をつけ、それらのデータを表計算ソフトで合算する方法も広がり、定着した。しかし、それらの労力は、子どもの学習意欲を高めるものにならず、たえず「評価」でチェックされることは生徒を委縮させるか、反発させる結果となることも多かった。

教育評価の理論では、形成的評価（授業・学習過程で学習者の理解を把握し、指導・助言するために行う評価）と総括的評価（一定期間の授業・学習の成果をまとめるために行う評価）とは区別されるが、成績のアリバイづくりのために「観点別評価」が機能すると、形成的評価なしの、総括的評価のためのデータ収集に埋没することになる。「評価の日常化」が、総括的評価の細分化ではなく、子どものためのものになり、教師が仕事のやりがいを感じる形で、実行されるためには何が必要なのか。二つの実践例を紹介することで、この問題を考えてみたい。

1　「作家の時間」における「評価の日常化」

最初に取り上げるのは、北米でのライティング・ワークショップの理論・実践方法（ラルフ・フレッチャー&ジョアン・ポータビル、二〇〇七）を取り入れて、日本の小学校教師が取り組んでいる「作家の時間」の実践である（プロジェクト・ワークショップ編、二〇〇八）。「作家の時間」とは、子どもが自分から書くことを楽しむ「書き手」に育つために、本当の「作家」が行っている作業と技を子どもに教え、実践させる授業である。「作家の時間」では、①ミニ・レッスン（五〜一〇分）、②書く時間とカンファランス（三〇分）、③共有の時間（五〜一〇分）という三つの活動が行われる。

ミニ・レッスンとは、「作家の技（より良い作品を書くための技術）」や「作家の時間の進め方」などを教える時間である。プロの作家は、一冊の本を出版するまでに、題材を見つけ、構想を練り、書いては直し、ときには付け足し、表現を使い分け、編集者の意見を聞いてさらに修正を加えてより良い作品に仕上げていき、最終的に世間に本として出版していく。この作家の仕事を構成する「題材集め」「下書き」「修正」「校正」「出版」という活動の進め方や文章表現の技法が、ミニ・レッスンでは教えられる。ミニ・レッスンの内容は、子どもたちの創作の様子や作品の現状を踏まえて、教師が何を子どもに教える必要があるのかを判断し、それを厳選して教える。そのため五〜一〇分という短い時間で終わり、その代わり「書く時間」が三〇分と充分に取られる。

「書く時間」は、作家の時間の中核となる時間である。ただ子どもが書いているだけではなく、書くために必要な次の活動がすべて含まれる。①机で一人で作家ノート（構想や下書きを書くノート）に書く、②教師に作品を読んでもらう、③教師の質問に答える。④教師からアドバイスをもらったり、質問をされる、⑤下書きを修正する、⑥友だちに自分の作品を読んでもらう、⑦友達からアドバイスや感想をもらう、⑧原稿用紙を選択する、⑨図書館で清書する、⑩友達に、再度作品を読んでもらう。

②〜④は、「カンファランス」と呼ばれる活動で、「自分の作品を誰かに読んでもらい、一緒に作品をよくしていくための話し合いを行うこと」とされている。カンファランスは生徒同士が行う場合もあるが、教師が行う場合は、「子どもとその作品に寄り添い、教師と子どもの対話のなかから意欲とスキルを生み出していく」とされている。たとえば、「書き出しに工夫が見られない子ども」との「対話」の例をみてみよう（プロジェクト・ワークショップ編、二〇〇八、六三頁）。

教師「何か、助けることある?」、児童「うーん」、教師「ちょっと読ませてもらってもいい」、児童「うん。」（教師は読む。おもしろい箇所があり、笑ってしまう）、教師「すごい！　ユーモアのセンスあるねえ！　せっかくおもしろいから、書き出しをもっと工夫しようよ。読者に『読みたい！』と思わせるようないいのない?」、児童「うーん。『ど、どうしよう』とかどうかなあ。」、教師「いいじゃない！」

このように、カンファランスでは、教師と子どもが「対話」の中で、書く実践が進むためには、なにが必要かを共に考え出すことに重点が置かれる。

「作家の時間」は、「共有の時間」で締めくくられる。「共有の時間」とは、何人かの子どもたちに作品（書きかけのものを含む）を発表してもらい、クラスみんなで共有する時間で、この時間になると、子どもはみんな書くことを一時中断して教室の前に集まる。その日に作品を紹介する子どもは、「作家の椅子」と呼ばれる特別な椅子に座って自分の作品を読みあげる。ほかの子どもは「読者」になる。どのような作品を選んで読んでもらうかは、教師が「今日の共有の時間はどのような学びの時間にしたいか」という基準で選ばれる。たとえば、書きかけの作品を紹介してもらうことで、他の子どもが「書いている途中でアドバイスがもらえるんだな」ということを学んだり、ミニ・レッスンで扱ったことを早速作品に活かしている子どもがいたら、読んでもらい、他の子どもが、「なるほど、こうやってミニ・レッスンを活かせばいいんだな」ということを学んだりする機会になる。「共有の時間」では教師が、「作家」である子どもたちに尊敬をもって接することで、子どもたちがお互いを書き手として尊敬し合うベースづくりにもなるとされている。

このように「作家の時間」では、子どもたちは「よりよい書き手」に育つために、自分のペースで書くことを楽しみながら、「書く力」を先生や周りの友達の力を借りて身につけていくプロセスが大切にされる。この時期までに、これだけの量が書けなければならないとか、この技法をまず習得しなければならないとか、一律に強制されることはない。その子が自分で書きたいことを、よりよく書きたいと、「対話」や「共有」を通して思った時に、その子の要求に応える必要な作業や技法を教師が教えることが大切にされる。もちろん学習指導要領の「作文の学力」に相当する評価基準も作成され、それに基づいた評価も行われている。しかし、それを一律の物差しとして早急に全ての子どもに機械的に当てはめて評価することはない。たくさん作品を書き上げる子もいるし、ひとつの作品を仕上げるのに時間がかかる子どももいる。ペースはまちまちである。その子が自分のペースで「よりよい作家になる」活動の進行に合わせた柔軟な形成的評価が行われている。そして、残されていく作品が、その子の学びの成果であり、その時々の到達点を表している。長期的な結果としてみると、この「作家の時間」の実践によって、従来の作文指導よりも多くの子どもが「書くことが好き」になり、個性的で、文章表現の技法として見ても優れた作品を生み出せるように育つことを実践した教師たちは実感している。

2　卓越した中学校英語教師の「評価の日常化」

次に公立中学校の卓越した英語教師であった田尻吾郎の事例で考えてみたい（田尻、二〇〇九、横溝編著、二〇一〇）。

「wh-questions に対して正しく答えられるかどうかを測りたければ、“What time did you get up this morning?” などの質問を一〇問出して、主語＋動詞を省略することなく、次々と答えて一分以内に終了できればクリア、六一秒かかったらやり直し、という活動もある」（田尻、二〇〇九、四五―四六頁）。

このような活動は、「テスト漬け」の英語教育を想像させるが、田尻の授業では、「評価の日常化」は、違った意味をもつ。生徒はこのようなテストを自分の英語の力の向上の見通しの中に位置づけ、挑戦しつづける。そのようなことが可能なのは、評価・テストの前提となる中学英語教育の目標と評価規準を教師自らが明らかにし、生徒に示し、成績・評価規準を透明化し、それにむけて生徒と教師が共に努力し合うという関係性をつくりだし、そのプロセスの中に「評価の日常化」が位置付いているからである。

田尻は、中学校の英語教師に向けた問いとして、「教科書は必要か」という問いをなげかける。この問いによって、意味されていることは、教育方法学の基本である、何を教えるかという＝教科内容・目標と、教材として教科書の区別の問題である。田尻は、教科書を軽視することを推奨しているわけではない。むしろ、「日常的な評価」が子どものものになるためには、教師は教科書のすべてを頭にインプットし、三年間の教科内容を俯瞰できるようにすることが大切で、教科書のどこに、どんな文法事項が出てくるのか、それをどう生かして一年間の授業計画を立てればいいのかについて考えられるようになっていることが評価を考える前提にある。教科書分析から導かれた到達目標の一覧表があれば、生徒の学習目標と評価の基準が分かり、どんなテストをすればよいかが分かり、生徒の課題を見つけて、指導に生かすことができる。

学年の到達目標を立てたとしても、田尻の授業は、それに縛られた窮屈なものになっていない。例えば、現在完了形を使って自己表現をしようとする二年生の生徒がいた場合に、「あ、それは三年生でカバーするから、それまで待っておきなさい」という対応ではなく、「お、そう言いたくなったか。それはな、こういうふうに表現できるぞ。勉強してみるか」という対応で、学習項目導入のタイミングや順序をも変更していく。「言いたい・表現したい」という気持ちを生徒が持ったことを最大限に活用しながら、最終的に中学校で学習するすべての英語の到達目標を生徒が達成することが大切にされている。

パフォーマンス評価も欠かせないものになっている。例えば、中学三年生では、「修学旅行についてALTに英語で報告でき、ALTの質問に答えることができる」（一学期）、「地図を使って電話で道案内できる」（二学期）、「Severn Suzuki のスピーチを聞いて感想を言える（書ける）」（三学期、「Severn Suzuki のスピーチ」とは、リオ・デ・ジャネイロの地球環境サミットで一二歳の少女が環境問題、人権問題に言及した伝説のスピーチ）などパフォーマンス課題になっている到達目標が位置づいている。

パフォーマンス評価やテストは、生徒と教師である自分を共に育ててくれるもの、それができなかったときは、なぜできなかったかを一緒に考えるものとして位置づいている。例えば、入学時から卒業時まで、生徒一人一人にデジタルビデオのカセットを持たせ、ALTとインタビューテストをするたびその模様を録画させている。それは、あとで生徒と一緒に振り返るためである。「何が聞き取れなかったか、何が言えなかったかをビデオを見て調べ、押さえてやれば、その生徒は伸びる」という目的で活用されている。

「高校入試に合格するための知識・技能を身につけたい」という生徒のニーズに対しては、田尻は過去の入試問題を数年分詳細に分析し、出題や問題、解答形式の傾向を把握し、それに対応したテスト問題も作成して、取り組ませている。入試対策もパフォーマンス評価も、他者との関わりの中で、英語を駆使して共に考えるべき主題について自分の意見を述べることができる、というより大きな目標を見すえた英語教育のカリキュラム設計の中に組み入れているのである。

四　おわりに

観点別評価や学力テスト、入試など「教師の仕事」への「評価の圧力」の下で、「創造的な実践」をつくりだすための参考となる教師の取り組みの事例をみてきた。いずれの事例も、教師は多大な時間と労力をかけて実践を作り出し、大変な努力をしている。しかし、そこには「評価の仕事」の「徒労感」は感じられない。「評価」が子どもと共に豊かな実践・作品・パフォーマンスを創りだす過程の中に位置づいているので、「楽しさ」（そして心地よい「厳しさ」）がともなっている。これらの事例をふまえて、制度化された「評価の圧力」のもとで、創造的な実践を作り出していく教師の仕事の課題についてまとめたい。

①「評価の圧力」として使われている「学習指導要領」「検定教科書」「全国学力・学習状況調査のテスト問題」「ＰＩＳＡ調査の問題」「入試問題」の内容を批判的に検討し、学校評価・教員評価への対応も可能で、かつ重要な教育目標を精選した「見取り図」（到達目標一覧）を自分が納得する形で

作成してみること（自分で「本質的な問い」を作ってみる、「永続的理解」を書いてみる、さらには「社会での大人の仕事」との比較で考えてみることは一つのヒントになるだろう）。そのことによって、「観点別評価」の不必要な評価規準・基準の多さに翻弄されないで、教育目標・評価規準（基準）の長期的な見通しをもてるようにする。そして、このような課題に共同でとりくむために研究仲間、助言者と意見交換できるネットワークをもっている。

②自分が価値を見いだしている到達目標一覧に対応したテスト問題やパフォーマンス評価の課題を考案したり、あるいは他の教師が作成したもので自分が「やってみたい」と思うものを集めること。それらの評価課題が、子どもの生活経験の拡大の延長線上に位置づき、子どもにとって「挑戦的な課題」として受けとめられているか、たえず検証しながら自分の年間の指導計画の中に位置づける。

③目標とそれに対応するテスト・評価課題が子どもにとって「挑戦的な課題」として受けとめられたら、その達成に向けて教師は子どもと協力し合う関係にあることを意識した「評価」を行う。「評価」は段階をふんで、子どもに具体的な助言を与えるためのもので、そのために使える「評価基準」（ルーブリック）を作成する。達成に向けての子どもの個人差は当然あることをふまえて、評価の数値化は必要最小限にとどめ、子どもとの一対一の「対話」の中から生まれる具体的な「評価」（と指導・助言）を楽しむ。また、そのような教師の「評価」への姿勢を子どもに示すことで、子ども同士にも、「相互評価の文化」を創りだしていく。

文献

朝日新聞教育チーム（二〇一一）『いま、教師は』岩波書店
田尻悟郎（二〇〇九）『(英語) 授業改革論』教育出版
田中耕治編著（二〇一一）『パフォーマンス評価』ぎょうせい
西岡加名恵編著（二〇〇八）『「逆向き設計」で確かな学力を保障する』明治図書
プロジェクト・ワークショップ編（二〇〇八）『作家の時間』新評論
森川みや子（二〇〇四）『体験から学ぶ算数』きょういくネット
横溝紳一郎編著（二〇一〇）『生徒の心に火をつける――英語教師田尻悟郎の挑戦』教育出版
ラルフ・フレッチャー&ジョアン・ポータビル、小坂敦子・吉田新一郎訳（二〇〇七）『ライティング・ワークショップ』新評論

第一二章　学校の「しんどさ」とどうつきあうか
――「(仮) センセの放課後」のとりくみから

石垣　雅也

一　はじめに

学校がしんどい。子どもたちは、そのしんどさを例えば「不登校」や「荒れ」や、「いじめ」などでなどで表現している。学校の「しんどさ」は子どもにとってだけではない。教師も学校のしんどさの中で苦しんでいる。朝日新聞教育チーム（二〇一一）では、その学校の「しんどさ」に命を絶つところまで追い詰められた教師や、過労で倒れていく教師たちの姿が描かれている。夢と希望を抱いて教師になった新採教師が自ら命を絶つところまで追いつめられるほどの「しんどさ」とは、稀で特異なケースなのだろうか。仕事がしんどいのは、何も教師だけに限ったことではない。教師だけがしんどいわけではない。それはもっともなことだと思う。しかし、教師だけがしんどいわけではないが、だからといって、教師がしんどくないわけでもない。しんどさ比べをして、どちらかに軍配をあげたり、みんなしんどいよねと、痛み分けにするのではなく、今、教師が学校で感じているしんどさの一端をみつめることで、教師であること、教師になることの意味を考えていきたい。

二　私が感じていた「しんどさ」——採用一年目の経験から

1　仕事に追われる「しんどさ」と自責の念

採用一年目の六月。私はメモにこう書き残している。

高速道路を時速一〇〇㎞で走行中に、その五〇㎝後ろを同じ速さでピタッとついてこられるようなしんどさで、毎日のように「こんな仕事もう続けられない」と思っていました。

一ヵ月の超勤は一〇〇時間を軽く超え、日付が変わっても学校にいた日が数日続いたこともある。自分一人が置いて行かれるような感じだ。職員室の仕事量とそれをこなすスピード。ひと言でいうと圧迫感のある仕事の雰囲気。今なら、特に一学期は忙しく、連休明けから夏休みまでは一息つく暇もないことはわかっている。だから、それを見越して「連休中にこの仕事をしておこう」などという采配ができるが、当時は、見通しがないままついていくしかなかった。仕事のスピードを緩めることも、これ以上こなすこともできない状況は、まさに「高速道路を……」という表現がしっくりくる。

たまには仕事のこと忘れて土日ぐらいゆっくりしなあかんよ。

そんな毎日を過ごしている中で周囲は心配と気遣いをもって、こんな風に声をかけてくれる。そう言われても、仕事のことを忘れて土日をゆっくり過ごすと、そのつけは、まるで休んだことに対する仕返しのように、月曜から金曜までの五日間かけて襲ってくる。その仕返しを受けるくらいなら、土日を仕事に捧げる方がましだ。とにかく、仕事を手伝ってもらう、代わりにしてもらうことができない以上、ついていくためには、土日であれ深夜であれ、仕事をし続けるしかない。

何もできていない。何もできない。

は初任者研修で顔を合わせる同期の合言葉だった。職場では、やってもやっても終わらない仕事を肩代わりしてはもらえないが、新採だということで、かなり校務分掌（学校運営にかかわる役割分担）は配慮されている。そのことが逆に、自分の「できていなさ」を強調させることになる。このような「しんどさ」は自分の個人的な能力・資質の問題だと思っていた。

2 「しんどさ」の中のかすかな光

とはいえ、こうした一年目の教師生活も、「しんどさ」一辺倒だったわけではない。

私の担任していた小二のクラスには多くの問題行動を起こす武司君（以下、本項の筆者の体験談では氏名はすべて仮名）がいた。その子がある日、初任者研修で私を指導してくれていた（「拠点校指導教員」として何校かの初任者を指導する立場で、私の勤務校所属ではない）葛西先生に「ばばあ、死ね、ボケ」と悪態をついた。葛西先生自身はそのことを受け止めてくれていたようだったが、翌日、勤務校内の指導教員から呼ばれ、「昨日武司君が葛西先生に暴言を吐いたらしいね。そんな言い方はいけないと指導しないとダメですよ」と「指導」を受けた。

話は、武司君の日常的な「授業中の立ち歩き・言葉遣い」などにも及び、「そういう指導ができていないから、葛西先生にまで暴言を吐くようになっているんじゃない？」と言われた。私は、「武司君の生活背景を考えると、言葉遣いや態度だけを取りあげて叱るのは、ちょっと違うんじゃないでしょうか」と、率直に思いを伝えた。すると、「じゃあ、実際に彼が問題を起こさないようにどう指導していくの？　具体的にどうしていくのかを示さないとね」と、返された。

私がその時悩んでいたことは、武司君とどうやって関係をつくるかということだった。まずは人間関係をつくる中でこそ、指導が成立すると考えていた。そうした関係づくりのきっかけになったのは、六月のある日のことだった。阪神タイガースファンの武司君が金本選手のTシャツを着ていた。

私が「おっ金本やん。かっこええよなぁ金本。先生、金本、大好きやわ」と言うと、武司君が「先生も阪神好きなん？」と聞き返してきた。武司君は野球が大好きなので、彼とつながるにはまず野球だとその時に思った。しかし、勤務校の運動場では安全のため野球が禁止だ。一緒に野球をして遊ぶことができないということで、しばらく私は苦悩していた。そんなときにふと、先輩の工藤先生に相談してみた。同学年や、指導教員など、必然的に会話をする先生以外の先生に相談したのは初めてのことだった。逆にいうと、そういう発想自体がそれまでは頭に浮かばなかった、それほど余裕をなくしていた、ということだったのだろう。

「工藤先生、運動場って野球禁止ですよね?」と尋ねると、工藤先生は「ああ禁止やで。」と答えたあと「武司のことか?」と訊き返してくれた。その一言に励まされて、私は「武司君とつながるには、野球が一番で、でも運動場は野球禁止で……」というようなことをポツリポツリと話した。すると、工藤先生は「教材って考えたらええやん。授業で子どもにわかりやすくするために、いろんなもん持って行くやろ。野球のボールもそう考えたらええやん」と言ってくれたのだ。その言葉でパッとイメージが広がった。「そうか、安全のこと考えるんやったら、新聞紙でバットとボールつくったらええんや。つくることも武司君と一緒にできる。ひょっとしたらこれは、武司君とつながりをつくっていく大きなきっかけになるんじゃないか」と、それまで悩んでいたところから一転してワクワクしだした。

野球をしているときの武司君は、あの挑発的で憎々しいまでの表情が嘘のように、本当に小学校二年生くらいの子どもらしい表情だった。新聞紙をガムテープでぐるぐる巻きにしたボールを、ニコッとほほえんで「せんせい!」と言って投げ返してきた武司君の表情を見たときに、彼もやっぱり子どもなんだとホッとした。新聞紙野球を通して武司君の笑顔に毎日出会っていくことで、「問題児である武司君」だけでなく「かわいらしい武司君」に出会うことができた。

さらに、こんな武司君とのかかわりを見ていた池田先生が「先生ずいぶん頑張ってるけど、しんどいやろ。だいじょうぶか?」、「いろいろ思うことあるんちゃう?」、そういって声をかけてくれた。その先生たちのアドバイスや言葉に、「あ、わかってくれている人がいるんだ」、「決して孤立無援というわけでもないんだ」と救われた気になった。

三　「（仮）センセの放課後」の誕生

それやこれやで初任時を乗り切った（三学期にはついに体調を崩して休んだこともあったが）翌年、教職員組合で青年部活動を共にする仲間たちにこう切り出してみた。

若い先生で集まって、子どものことや授業のこと、職場のことを気兼ねなく話ができる場をつくりたいんだけど、つくったら来てくれる？　土曜日の午前中なんだけど……

同期や知り合いの教員はみんな本当に忙しい。毎日の仕事、生活……。これ以上何かを増やすのにはとても抵抗があった。でも、今の自分にはそういう場が必要だった。ドキドキしながら提案したら、その場にいたみんなが賛同してくれた。こうして、二〇〇七年九月、若手教師のサークル「（仮）センセの放課後」が誕生することになった。

ほぼ月一回、土曜日の午前中、体育施設の研修室や、メンバーの自宅などを会場にして開催している。メンバーは二〇～三〇歳代の小学校教員を中心に約十名程度だが、そのすべてが参加するわけではない。時には二人の参加しかないということもある。とはいえ、とにかく定期的に開催することにはこだわってきて、二〇一一年末で開催回数は四〇回を超えた。

一回目の例会で、「(仮) センセの放課後」という名前を提案した。「えー？ もっとおしゃれな名前がいい！」。そんな声もあったが、この名前を押し通した。どうしても「放課後」という言葉を入れたかったのだ。それには理由があった。新採二年目を迎え、一番感動したことは、放課後（ではあるが勤務時間内）に、丸つけなどのクラスの子どものための仕事ができる時間があったことだ。そこで気づいたことがあった。去年はこの時間が初任研の時間だったということだ。勤務校では、火曜日の午後が会議不設定日となっていた。つまり、火曜日の放課後、初任者以外の担任には、学級事務や教材研究のための時間が、勤務時間内に唯一保障されていた。一週間にたった一時間程度ではあったが、会議も研修もなく、自分の仕事ができる時間が放課後にある。そのことがとても新鮮だった。

でも冷静になって考えてみると、そうした時間こそ、教師にとっては必要な時間じゃないのだろうか、と思えてきた。授業のことを考えたり、丸つけをしながら、「あ、○○ちゃん、ここがわかりにくかってんなぁ」と気がついたり。時には隣のクラスの先生と子どものことを話したり、授業のことを教えてもらったり……。

そう考えてみて、会議や書類作成に追われる「多忙化」の弊害にあらためて気がついた。忙しいことには気がついていた。でも、それが当たり前だと思っていた。「教える」ことに直接つながる仕事をする時間が、放課後にもてていないこと、そしてそれがどこかおかしいということには気がつかなかった。会議や、書類づくりなどの雑務に追い回されるだけの「放課後」の時間ではなく、また明日、子どもに向き合うために費やす時間。放課後はそんな時間であるべきなのだ。今日一日の自分の指導をふり返り、ノートを見て子どものつまずきに気づき、明日の授業の準備をし、同僚と子どものことについて話しあう。明日からの子どもとのかかわりへの前向きなイメージをつくりあげる時間。それこそが困難な教師の仕事を支える時間のはずである。しかし、今、学校には、この時間がほとんどない。必要な「放課後」の時間が学校の中にないのなら、学校の外につくろう。そんな発想から、この集まりの名前を「(仮) センセの放課後」と名付けた。なお、「(仮)」とつけた理由は後述する。

四　「(仮) センセの放課後」の風景

では、どんな活動をしているのか。まず、参加者の感想を紹介してみたい。

「そうやんなぁ」、「悩むやん」、「同じやで」。否定されずに受け入れてもらえるって、ほっとするなぁ。それが、「(仮) センセの放課後」のうれしいところです。「『(仮) センセの放課後』に来てみない?」と誘われたのは、昨年の中頃だったと思います。私は、はじめての二年生の担任、しかも単級〔学年に一学級のみ〕。私の中では、「まだ六年目」。でも、周りからすれば、「もう六年目」。悩んでいることを誰かに相談しようと思っても、若い先生からは「大丈夫、大丈夫。先生は、できてる」と言われたり、ベテランの先生からは簡単に「そんなん、こうすればいいんやって」と言われたり……。また、忙しそうに相担〔同学年の担任〕同士で相談しあっている姿を見て、「いいなぁ」とか、「私は一人やわ。さみしいなぁ」、「みんな相談できる人がいていいなぁ」と思うことが多かったです。/そんな中で、「放課後」に誘われて、「知ってる先生やし、みんな同じぐらいの年代やし、聞いてもらえるかも」と思って行ってみました。つたない学級通信を見せることも、自分が失敗した話も、ここに来ている人の前なら、言えるなぁと思いました。／おいしいコーヒーを淹れてくれる先生がいたり、得意なシフォンケーキを披露する先生がいたり、学校とは違った場所だから、気負わずにしゃべれる、そんな雰囲気があります。子どもを思いっきり叱ってしまい、うまく関係がつくれなかったことや失敗をしたことも、ここでならありのまま言えるなぁと感じます。なかなか参加できなくても、参加したときには、ゆっくり受け入れてもらえる、そんなほっとする場であることがうれしいです。

例会の内容はとくに決めていない。一人ずつ近況をしゃべった後、フリートークに入っていくこともあるし、一人が「ちょっと聞いて」と悩みや疑問を話し出すこともある。その回ごとの参加者の構成や雰囲気で会の中身は変わっていく。既存の教育サークルの例会のように話題提供者がわりあてられているわけでもなく、教職員組合などの学習会のように講師がいたり、教育雑誌の「読者の会」のように、事前に特定の文献を読んできたりするわけでもない。傍目には、「ただ集まって話をしている」だけの会にみえるのかもしれない。ここでいくらしゃべっても、問題は何も解決しないし、また月曜日から、「あの子どもたち」や「あの保護者」と、「あの職場」で向き合うしかない。なのに、なぜみんな集まってくるのだろうか。「集まってくる者」にとっては、この場のもつ「ただ話す」ということの意味はじつは大きい。

ある月の例会。私はそこに、その週に取り組んだ社会科の授業の資料を持参した。「授業で子どもたちの意見をまとめたら、こんな風になってん。ちょっとこれみてくれる?」といって、参加してくれたメンバーに見せた。この資料をつくっているとき、「あ、今週の『放課後』にこれ持って行って、みんなに聞いてもらおう」と思ったのだ。本当はこういう話を職場でできるといいのだけど、それがなかなかできない。相手にも直接関係のある話（たとえば、学年の行事や、生徒指導上の問題のことなど）ならできるのだけど、学期末の成績つけで忙しい時期に、相手には直接利益になるという自信のもてないことを話しかけるのには、相当のエネルギーが要る。もちろん、話しかけたらつきあってくれるとは思うけれど、「この忙しいのに、ちょっと空気読んでよ」などと思われたりしないか……というような不安が一瞬頭をよぎる。そのような不安は、些末な仕事に追われ、怒濤のように押し流されていく時間の中で、職場で話すことをあきらめさせる方向にはたらく。それに対して「（仮）センセの放課後」は、職場で話せないこと、話すのをあきらめていることが話せる場になっているのだ。

こうした風景を、『朝日新聞』の氏岡真弓記者は、「仲間から問われてはっと気づく。気づいた方が今度は尋ねる。そんなキャッチボールが二時間の会の中のあちこちで、あった」と描く（朝日新聞教育チーム、二〇一一、一四一頁）。今、職員室ではそんな会話のキャッチボールが成立するのは難しい。

子ども・教師・親……。生身の人間どうしが関わりあう仕事だから、悩むことは毎日のようにあって当然だ。自分の教育観と、同僚の教育観との間に起きる葛藤や矛盾。目の前の子どもの姿と自分の指導との葛藤や矛盾……。さまざまな葛藤や矛盾を抱えながら毎日の教育という仕事をしている。今の学校現場では、教室の困難な出来事や、教師自身の困難さをさらけ出し、ありのままに語ることはとても勇気のいることだ。そして、それを教師同士で受け止め合うこともまた簡単ではない。そんな中で、職場の外に、立ち止まって考え、語りあう時間を作り出そうとする取り組みが、若い先生を中心に、ベテランの先生の力も借りながら全国各地で生まれてきている。私たちの集まりの名称に「(仮)」とつけたのは、本当はこんな時間を学校の放課後に持ちたいと願っているからだ。放課後の職員室で、ありのままの悩み・喜びを話し、受け止め合えるようになれば、教師の苦しみは少しずつ和らいでいくだろう、だからこそ、「(仮)」でない先生の放課後を、職員室につくっていけたらと思っている。

五　初任者への「指導」場面における「しんどさ」

「(仮)センセの放課後」の活動を続けてきたもう一つの効用は、初任者をはじめとする教師たちのしんどさ、困難を対象化してみられるようになったことである。ここであらためて、そうした経験もふまえて、初任者の直面する「しんどさ」の正体に迫ってみたい。

朝日新聞教育チーム（二〇一一、六二―七三頁）は、静岡県の初任教師・木村百合子さんが自死にまで追い込まれた状況や、その死をめぐる公務災害認定訴訟を紹介している。その中で、極めて重要な記述があった。木村さんが知人に送った、「ある先輩教員からは『悪いのは子どもではない、おまえだ、おまえの授業が悪いから荒れる』と言われ、生きる気力がなくなりそうに感じました」（六六頁）というメールにある「先輩教員」の言（七一頁）である。

〔木村さんに手を焼かせていた子どもと話をしたことを彼女に伝えた上で〕その後、木村先生に、この子どもの話をし、「悪いのは子どもばっかりじゃないんだよ。子どもを変えたければ、自分が変わらなければ変えることはできないよ」と言った。自分の新採の時……〔悩みを〕どう乗り越えたかも話した。

この先輩教員の言を額面通り受けとるとして、ここには問題が二つある。第一に、当該の子どもの、木村さんに対する態度と、先輩教員に対するそれとの差は、すなわち木村さんと先輩教員との教育力量の差なのか、という問題である。第二に、字面からはきわめて穏健なこの「指導」が、なぜ問題の渦中にある初任者には「生きる気力がなくなる」くらいの打撃となるのか、という問題である。

第一の問題についてみよう。平井（二〇一〇、五八―五九頁）は初任時のことを振り返り、こう書いている。

> 教育委員会の指導主事が訪問した時、私は、課題を抱える子供の実態を見に来てくれるものと信じていました。しかし、終わった後、主事に言われたことは、はっきり言って先生の授業は面白くない。面白くないからこどもがのってこないのだ。その子だって私（主事）が眼でサインを送ると、応えていたんだから、きちんとやればできる子だ　という内容でした。子どもは訪問者があると、普段と違う動きをします。たいていの場合、管理職や主事の前ではいつもより賢く振舞っていたので、普段の荒れた状況をわかってもらえない歯がゆさもありました。やっぱり自分の力がないからクラスが荒れるんだ……
>
> （傍点引用者）

こうした、本人との関係・距離感の違いによる子どもの姿の相違を、短絡的に教育力量の差異だと錯覚したナイーヴな「指導」は、案外多いのではないだろうか。

第二に、仮に「指導」自体が内容的に妥当であっても、それが繰り返し行われることは、否応なしに教師の未熟さをあぶり出すという側面を持つ。そのあぶり出された未熟さは、反論のできない責めとして未熟な新採教師に襲いかかる。私自身も、前述の武司君をめぐるケース会議で「彼が楽しいと思う授業をしないとな」と先輩教師に言われたことがある。当たり前のひと言ではあるのだが、当時は、「お前の授業が楽しくないから荒れるのだ」というように受け止めるしかなかった。

木村さんに話を戻すなら、「自分の教室に行くときは、必ず木村先生のクラスの前を通ることとし、みんな、本気になってやっていた」（朝日新聞教育チーム、二〇一一、六九頁）という同僚教師の姿は、教室の中の木村さんからはどう見えていただろう。自分が常に見張られているように見えていなかっただろうか。

このあたりの機微について、久冨（二〇一〇、一二頁）は「短期間に急性うつ病から自殺へと追いつめられたケースでの新採教員の困難」は、

① 子どもとの関係づくりでつまずく
② ①の点で親の苦情・不安の声に囲まれる
③ 管理職・同僚教師がサポートせず、むしろ①②の点を攻撃する
④ 以上三点が「月一〇〇時間を超える超過労働」「睡眠不足・高ストレス」に

⑤　孤立・閉塞感と深い自責に

という点で共通すると分析している。

この五点は、その軽重はあれ、困難を経験した初任教員の手記や体験談にも通じるものである。久冨が指摘する①・②の点は、どの教師にもある程度不可避のことであるが、初任教員の置かれた立場（初任者研修体制の中で万人から「指導されるという立場」とみられること）においては、とりわけ困難を増幅しているように思われる。

さらに、久冨の五点の指摘を、私なりの言葉でなぞると以下のようになる。

①　新採ゆえの失敗が続く。

②　そのことがあるきっかけで顕在化する。そのきっかけは、保護者からの連絡、クラスのざわつき、課題の大きな子どもの存在などが、管理職や「同僚」教師の目や耳に入ることである。さらに、初任者の場合、校内指導、指導主事訪問などでそうした問題が顕在化しやすい。顕在化する問題自体は教師なら誰にでも起こるようなことであっても、ことさら大きな問題であるように取りあげられる。

③　その「困っている」、「問題を解決できない」初任教師を支援するという名目で、かかわる人が増える（管理職、指導教員などの指導的立場の教員）。皮肉なことに、かかわる人は増えても、問題の解決方法は集団的・共同的解決の模索ではなく、もっぱら初任教師の個人的努力に求めら

れる。その努力を示す方法として、膨大な書類づくりが課される。チェックリスト、授業案、板書計画、（保護者会での話の）原稿の作成……。

④　これらのことが新採教師の時間と心理的余裕を加速度的に奪っていく。

⑤　新採教師は自分の「たりなさ」を自己否定的に自覚させられ、その解決を自己責任的に迫られている。そしてそれを迫る圧力は、管理職・指導的立場の教員・教育委員会だけではない。

誤解のないように言っておけば、私は決して、「初任教師の失敗はすべて暖かく見守るべきだ」と言いたいわけではない。指導が不要だというわけでもない。ただ、「善意の」指導がともすれば初任教師を果てしなく追いつめてしまう構造が現在の学校にあり、そのことが、時には新採教員の命を奪うほどの圧力として働くこともあるのである。楠（佐藤・久冨、二〇一〇、一八三―一八四頁）は先に紹介した木村百合子さんの勤務校における指導、支援体制の問題点を三点あげ、その中で「問題行動を表出する子どもへの指導を行えないことを教師の自己責任としてとらえる見方、教師の人格の問題に還元する見方」が木村さんを絶望的な孤立無援感にいっそう追い詰めていったことを指摘している。

六　悩みを率直に表明できない職場の「しんどさ」

「あなたのためにどれだけの先生が動いていると思っている？」／「苦労しているのはあなたではない。」と管理職や初任者指導の先生などから言われる職場で、私にしんどい思いを語らせる隙はなかった。

／「言えない」。でも、自分としては「言いたい」、「聞いてほしい」という気持ちがあった。

引き継ぎさえなく、あわただしく教室に入った日から、本当に、何が何だかわからないまま次の日がやってくる。「授業の間が悪い」とか、「子どものつぶやきをひろっていく」ということを助言されても、実際には、チョークの持ち方一つわからない。給食のおかわりにしても、一緒に遊んでも、とりあえず、コツがわからないから、すぐトラブルになる。子どものつぶやきを気にするより、子どもがどんなことに興味を持つかさえ分からないのだから、その助言も、ほとんど役に立たなかった。そんな毎日を二週間も続ければ、当然子どもたちは騒がしくなった。それは、どんなに鈍い私でも、よくわかるものだった。言葉が届かない。すり抜けていく感じは今でも夢に出てくる。とても情けなかったし、辛かった。何よりも、「私じゃなければ、この子たちはもっと良い教育を受けられたはずだ。申し訳ない。」という気持ちで押しつぶされそうだった。しかし、実際一番つらかったのは、そんな、子どもたちの荒れよりも、校長や教頭の「君には荷が重すぎたかな。」という言葉や、「君は僕が思ってたよりもわがままな人間だったんだね。」という言葉だった。今なら、「ええ、荷が重いです。助けてください。無理です。」と言えるし、そうなる前に相談できるであろう。しかし、わからないことがわからない私にその時、そんな余裕はなかった。何もかもに自信はなかったけれど、「きてくれるか?」と声をかけてもらった事、それだけを心の支えに過ごしていた私には、その言葉は自分の存在を全否定されたのと同じ事だった。「もう、無理だ……」と思って、一時間以上面談していた校長室から出てきた。私が辞めたいという感情ではなかった。ただ、ただ、自分の行動が、指導力のなさが周りに迷惑をかけていることが忍びなかった。

／みんな、私をお荷物と思っているんやなぁ……という思いを感じる毎日が続いた。そういう毎日を過ごしていると、周りの助言もよい解釈で考えることができなくなる。

この二つの手記は、前出の「（仮）センセの放課後」に参加した初任教師の手記である。一つめの手記は、正式に教諭として採用された初任教師、二つめは臨時講師となったばかりの教師の手記である。管理職や初任者指導教員からの援助がなされない職場において、頼みの綱は同僚教師である。同僚教師との関係性が、学校におけるしんどさを解消するか（たとえば二で紹介した私の体験）、さらに増幅させるかのカギになっている。

七　「貧困問題」と「青年教師の困難」の重なり――失われる学校・教師の「溜め」

初任期の教師が苦しいと感じる出来事の一つひとつは、すべての年代の教師が日々経験していることかもしれない。しかし、初任期の教師にとっては、それらのことが一度に、あるいは次々と襲いかかり（少なくともそう感じられ）、追い詰められていく。このような青年教師の困難な状況は、現在の日本社会で若者が置かれている困難な状況と大きく重なってみえる。湯浅（二〇〇八、三〇―三三頁）は、一度すべり落ちたら一気に貧困まで滑り落ちてしまう日本社会を「すべり台社会」と名づけた。湯浅が名づけたすべり台のような状況は、初任期の教師が追い詰められていく過程と同じ構造にあるようにみえる。労働者派遣法が青年層を貧困のすべり台へと追い詰めたように、初任者研修・条件附採用（地方公務員では六か月の条件附採用期間が、教員は初任研の期間に合わせて一年になっている）という制度が、初任教員を自己否定のすべり台へと追い詰める。

湯浅は、貧困とは「もろもろの溜めが総合的に失われ、奪われている状態である」（前掲書、八〇頁）といい、貧困がもたらす物質的困窮以外の深刻な問題を可視化した。この「溜め」は、教師でいえば「放課後の時間」や夏休みの自主研修などがあてはまる。よくベテランの先生がいう、「ストーブを囲んでの教育談義」などというのは、「溜め」の象徴のようなものだ。その「溜め」が制度的圧力や、さまざまなバッシングによってことごとく奪われ、連帯すべきもの同士が分断されている教育現場の状況は、今の日本社会を覆う「貧困問題」と重なる。湯浅は、貧困の行き着く先を「自分自身からの排除」（前掲書、六二頁）と述べたが、初任期の教師が、教師である自分自身を排除し辞めていく姿も同じではないだろうか。

「貧困問題」は、さまざまな運動によって社会に認知されるようになってきた。同様に、若手、あるいはそれに限らない教師全体の困難も、もっと社会に見えるようにしていく必要がある。初任研の不成績を理由とした採用取消しを撤回させる訴訟、自死せざるを得ないところまで追い詰められた教師の公務災害認定の訴訟などを通して、初任教師が置かれる困難な状況と、その問題が少しずつ認知されてきた。この問題を「昔もあった」、「誰にでもある」といった論調で再び覆い隠してしまうのではなく、身のまわりでそのような状況がないのかどうかを見ようとする努力、見えるようにしていく努力が求められている。

八　おわりに――可視化された問題を「つながり」でのりこえる

学級で問題が起こるたびに、放課後校長室に呼ばれ、管理職から長時間の指導を受ける毎日が続きました。そこで私は人間性を否定され、必要のない存在だと感じざるを得ないほど苦しめられました。それらの悩みを初めて打ち明けられたのは、職場ではなく「(仮)センセの放課後」でした。そこには私の苦しみに共感してくれる先生たちがいたからです。

これは、二〇〇八年七月に全日本教職員組合（全教）主催で開催されたシンポジウム「『新採一年目で退職する教員』の問題を通して教師政策を考える」における、参加者の発言である。職場において「相対的弱者」（勝野、二〇〇八、一二頁）である初任期の教師は、自己責任イデオロギーの浸透する中で、自らが直面する困難を「個人的問題（資質や条件など）」として抱え込んでしまっている。このことに加え、長時間過密労働が、職場で同僚が相互に関心を向け合うことを困難にしている。前述の湯浅の貧困問題に対するアプローチの特質のひとつは、個別ケースへの援助を通して問題を可視化することにあった。同様のアプローチで、初任期の教師を中心とした「相対的弱者」の困難を解決する道筋も示せるのではないか。つまり、この問題への「援助」にあたっては、困難を可視化することが何よりもまず求められるということである。困難を可視化するには、当事者の「語り」が必要なのだ。自責の殻に覆われた当事者の困難に気づき、苦しみに共感し、「それはあなたのせいではないよ」というメッセージを伝えつつ、当事者が語り出すのを待つ。苦しみに寄り添い、語り始めるのを待つ、ゆったりとした、安心できる時間と場所をつくり出すことが、問題の可視化につながり、そこから人間的なつながりを取り戻すことが可能になる。そして、そのつながりのなかで困難の解決への本当の道筋が見えてくる。「つながりを取り戻すこと」それが今一番求められていることなのだと思う。

「わたしの話を聞いてください」。これは、全教滋賀教職員組合青年部が主催した二〇一〇年度青年教研で発表されたレポートのタイトルである。誰かに話を聞いてもらいたい、そう思うことはよくある。子どもへの指導。保護者への対応。その時、その場で何と言ったらいいのか。授業がうまくいかない時。誰かに代わってもらうことはできない。そう考えると教師は孤独な仕事だ。一瞬一瞬の判断が常に要求される。そんなシビアな仕事を支えてくれるものは何だろう。私にとっては、「(仮) センセの放課後」をはじめとするサークルや教職員組合の仲間だったりする。とくに一年目は、滋賀教育科学研究会の例会である「『教育』を読む会」や滋賀作文の会の例会、「滋賀民主教育研究所」が主催するサマーセミナーや部会で話をさせてもらい、聞いてもらえたことが、今思えば大きな救いになっていた。話を聞いてもらえる場があり、仲間がいることが教師として生きることをかろうじて支えてくれている。

現在、国や地方レベルで、さまざまな「教育改革」が提唱されている。しかし、そうした「改革」案が現場にいる私たちの胸に響くことはほとんどない。その最大の原因は、こうした「つながり」を今の学校現場にどうやってつくりだすかという発想が、まったくみられないことではないだろうか。

文献

朝日新聞教育チーム（二〇一一）『いま、先生は』岩波書店
平井優子（二〇一〇）「若い先生、ゆっくり成長しましょう」佐藤博・久冨善之（編著）（二〇一〇）、五四―六九頁
石垣雅也（二〇〇八ａ）「『困難・苦悩』のなかに『希望と勇気』を見つけて」『教育』第五八巻第一号、二五―三二頁
石垣雅也（二〇〇八ｂ）「『放課後』づくりから『職場』づくりへ」『クレスコ』九二号、一六―一七頁
石垣雅也（二〇〇九）「青年教師の困難から希望への道筋を考える――『立ち止まって考える』ための時間と仲間のつながりを」『教育』第五九巻第一一号、三八―四三頁
石垣雅也（二〇一一）「青年教師の『育つ場』を創り出すために――自己責任的引き受けさせ方をしない関係性を求めて」『教育』第六一巻第六号、七八―八五頁
勝野正章（二〇〇八）「青年教師の苦悩と希望――誰もが自己成長のできる職場に」『クレスコ』九二号、一六―一七頁
久冨善之（二〇一〇）「新採教師たちの『困難』から『希望』への途を求めて」『クレスコ』一一七号、一二頁
久冨善之・佐藤博（編著）（二〇一二）『新採教師の死が遺したもの』高文研
楠凡之（二〇一二）「困難な課題を持つ子どもの担任を支えるために何が必要だったのか？」久冨・佐藤（編著）（二〇一二）、一八三―一八四頁
佐藤博・久冨善之（編著）（二〇一〇）『新採教師はなぜ追いつめられたのか』、高文研
湯浅誠（二〇〇八）『反貧困――「すべり台社会」からの脱出』岩波新書

付記：本章は石垣（二〇〇八ａ、二〇〇八ｂ、二〇〇九、二〇一一）を加筆・再構成したものである。

執筆者紹介（執筆順）

山崎　雄介（やまざき　ゆうすけ）
1964年生，京都大学大学院教育学研究科博士後期課程単位取得退学
現在　群馬大学大学院教育学研究科 教授
「『金八先生』で読み解く教育政策の二〇年」（『人間と教育』72号，2011）他

松下　佳代（まつした　かよ）
1960年生，京都大学大学院教育学研究科博士後期課程単位取得退学
現在　京都大学高等教育研究開発推進センター 教授　博士（教育学）
『〈新しい能力〉は教育を変えるか――学力・リテラシー・コンピテンシー』（編著，ミネルヴァ書房，2010）他

松下　良平（まつした　りょうへい）
1959年生，京都大学大学院教育学研究科博士後期課程単位取得退学
現在　金沢大学人間社会学域学校教育学類 教授　博士（教育学）
『道徳教育はホントに道徳的か？――「生きづらさ」の背景を探る』（日本図書センター，2011）他

杉原　真晃（すぎはら　まさあき）
1972年生，京都大学大学院教育学研究科博士後期課程中途退学
現在　山形大学基盤教育院 准教授
『学生主体型授業の冒険――自ら学び，考える大学生を育む』（編著，ナカニシヤ出版，2010）他

木原　成一郎（きはら　せいいちろう）
1958年生，京都大学大学院教育学研究科博士後期課程単位取得退学
現在　広島大学大学院教育学研究科 教授　博士（教育学）
『教師教育の改革――教員養成における体育授業の日英比較』（創文企画，2011）他

久保　研二（くぼ　けんじ）
1982年生，広島大学大学院教育学研究科博士課程後期中途退学
現在　広島大学大学院教育学研究科 助手
「ティーチング・ポートフォリオを活用した教育実習の改善」（梅野圭史ほか編著『教師として育つ――体育授業の実践的指導力を育むには』明和出版，2010，所収）他

執筆者紹介

松崎　正治（まつざき　まさはる）
1958年生，神戸大学大学院文化学研究科博士課程単位取得退学
現在　同志社女子大学現代社会学部 教授　学術博士
『文学の授業づくりハンドブック——授業実践史をふまえて　第２巻　小学校・中学年編／詩編』（編著，溪水社，2010）他

森脇　健夫（もりわき　たけお）
1956年生，東京大学大学院教育学研究科博士課程中退
現在　三重大学教育学部 教授
『授業づくりと学びの創造』（共著，学文社，2011）他

藤原　顕（ふじわら　あきら）
1959年生，神戸大学大学院文化学研究科博士課程単位取得退学
現在　福山市立大学教育部 教授
『国語科教師の実践的知識へのライフヒストリー・アプローチ——遠藤瑛子実践の事例研究』（共著，溪水社，2006）他

荻原　伸（おぎはら　しん）
1970年生，神戸大学大学院教育学研究科修士課程修了
現在　鳥取県立八頭高等学校 教諭
「励ましになりたい——ライフストーリー・ライフヒストリー研究と私」（全国大学国語教育学会『国語科教育』第71集，2012，所収）他

村井　淳志（むらい　あつし）
1958年生，東京都立大学人文科学研究科博士課程単位取得退学
現在　金沢大学人間社会学域学校教育学類 教授
『勘定奉行荻原重秀の生涯』（集英社新書，2007）他

吉永　紀子（よしなが　のりこ）
1975年生，京都大学大学院教育学研究科博士後期課程単位取得退学
現在　福島大学人間発達文化学類 准教授
「生徒・同僚との〈対話〉を通して〈学びとは何か〉を探究する教師たち」（秋田喜代美編著『教師の言葉とコミュニケーション——教室の言葉から授業の質を高めるために』教育開発研究所，2010，所収）他

鋒山　泰弘（ほこやま　やすひろ）
1958年生，京都大学大学院教育学研究科博士後期課程単位取得退学
現在　追手門学院大学心理学部 教授
『授業と評価をデザインする　社会』（共著，日本標準，2010）他

石垣　雅也（いしがき　まさや）
1974年生，滋賀大学大学院教育学研究科修士課程修了
現在　近江八幡市立桐原小学校 教諭
「『困難・苦悩』の中に、『希望と勇気』を見つけて」（久冨善之・佐藤博編著『新採教師はなぜ追いつめられたのか』高文研，2010，所収）他

人名索引

ヤ行

ラ行

事項索引

サ行

タ行

【資料】 教員養成・研修にかかわる改革動向

年月	事項	概要
1987（S62）年12月	教育職員養成審議会答申「教員の資質能力の向上方策等について」	専修免許状の新設，初任者研修の詳細について提言。
1989（H 元）年４月	「初任者研修」制度スタート	臨時教育審議会（1985～87年）の一連の答申，上掲教養審答申をうけて法制化。
1997（H9）年７月	教育職員養成審議会第１次答申「新たな時代に向けた教員養成の改善方策について」	今後の教員に求められる資質能力について「地球的視野に立って行動するための資質能力」，「変化の時代を生きる社会人に求められる資質能力」，「教員の職務から必然的に求められる資質能力」の３つの柱で提起。とくに第１の柱にかかわり，養成課程の「教職に関する科目」の必修科目として「総合演習」新設を提言。また，「得意分野を持つ個性豊かな教員」の必要性を提言。
1998（H10）年４月	「小学校及び中学校の教諭の普通免許状授与に係る教育職員免許法の特例等に関する法律」施行	小学校，中学校の教員免許状取得希望者に「障害者，高齢者等に対する介護，介助，これらの者との交流等の体験」（いわゆる介護等体験）を義務づけ。
1998（H10）年６月	「教育職員免許法」一部改正	前年の教養審第１次答申の内容を法制化。「教職に関する科目」充実，「総合演習」新設など。平成12年度入学生より全面適用。
1998（H10）年９月	中央教育審議会答申「今後の地方教育行政の在り方について」	「学校の自主性・自律性の確立」という観点から，教職員人事に関する校長の裁量権の拡大，校長の資格要件の緩和（教員免許状，教育関係の職の経験を有さない者―いわゆる「民間出身校長」―の登用），教員の資質向上策（大学院等での研修の休業扱い，社会体験研修の拡大）などを提言。

1998（H10）年10月	教育職員養成審議会第2次答申「修士課程を積極的に活用した教員養成の在り方について—現職教員の再教育の推進—」	大学院修士課程での現職の再教育を推進する観点から，修業年限の弾力化，夜間，長期休業等を活用した多様な就業形態の導入，新たな休業制度（のち「大学院修学休業」として法制化）などを提言。
1999（H11）年12月	教育職員養成審議会第3次答申「養成と採用・研修との連携の円滑化について」	第1次答申で提起した諸能力の育成を教員のライフステージと関連づけて展開。また研修制度の見直し，大学と教育委員会との連携などについても提言。
2000（H12）年12月	教育改革国民会議報告「教育を変える17の提案」	「教師の意欲や努力が報われる体制をつくる」として，優秀教員への特別措置，指導に問題がある教師の他の職への配置換えや免職，企業等での長期社会体験研修の充実，雇用形態の多様化（社会人教員の導入を含む），免許更新制導入などを提言。
2001（H13）年1月	文部科学省「21世紀教育新生プラン」	「免許更新制」を除く「教育改革国民会議報告」提言の多くを予算化。
2002（H14）年2月	中央教育審議会答申「今後の教員免許制度の在り方について」	教員が複数校種で教育にあたれるよう，教員免許の総合化・弾力化を提言。また，教員免許更新制の導入についても検討（この段階では慎重論）。
2003（H15）年4月	「10年経験者研修」制度スタート	
2006（H18）年7月	中央教育審議会答申「今後の教員養成・免許制度の在り方について」	教員養成課程にかかわって，「教職実践演習」の新設・必修化を提言。また「新しい学校づくりの有力な一員としての新人教員の養成」，「確かな指導理論と実践力・応用力を備えたスクールリーダーの養成」を目的に「教職大学院」創設を提言。さらに2002年答申から一転して「教員免許更新制」導入と制度の枠組を提言。
2006（H18）年12月	「教育基本法」改正	「教員」に関する条項を新設（第9条）。

【資料】教員養成・研修にかかわる改革動向

2007（H19）年１月	教育再生会議第１次報告「社会総がかりで教育再生を～公教育再生への第一歩～」	「特別免許状」発行数増加による社会の多様な分野からの教員採用，「メリハリある給与体系」の導入や優秀教員表彰，「指導力不足教員」認定・分限処分の厳格化，「真に意味のある」教員免許更新制の導入などを提言。
2007（H19）年６月	「学校教育法」，「地方教育行政の組織及び運営に関する法律」，「教育職員免許法」及び「教育公務員特例法」（いわゆる「教育３法」）改正。	学教法では「副校長」，「主幹教諭」など新たな職種を創設，教免法では普通免許状に10年間の有効期限を設定するとともに「教員免許更新制」に関して規定，教特法では「指導が不適切な教員の人事管理の厳格化」（指導改善研修実施と修了時の判定，判定結果によっては免職等の措置をとることを任命権者に義務づけ）など。
2007（H19）年12月	教育再生会議第３次報告「社会総がかりで公教育再生を～学校，家庭，地域，企業，団体，メディア，行政が一体となって，全ての子供のために公教育を再生する～」	校長のリーダーシップ強化，学校事務体制の効率化，教職調整額の見直し（一律でなく，職務内容に応じて），部活動手当の引き上げなど手当の見直し，教委への「学校問題解決支援チーム」設置などを提言。
2008（H20）年11月	「教育職員免許法施行規則」改正	「教職に関する科目」の必修科目として「教職実践演習」を設置（平成22年度入学生より全面適用）。あわせて「総合演習」を「教職に関する科目」から外し，任意設置とした。
2009（H21）年４月	「教員免許更新制」スタート	前年度の試行を経て全面実施。

2012（H24）年8月	中央教育審議会「教職生活の全体を通じた教員の資質能力の総合的な向上方策について（答申）」	教員養成の「修士レベル化」という方向性を打ち出し，あわせて普通免許状を学士レベルの「基礎免許状」，修士レベルの「一般免許状」，教職経験と教職大学院等での専門的な履修により授与される「専門免許状」（名称はすべて仮称）に再編することなどを提言（基礎免許状での採用者については，早期の「一般免許状」へのアップグレードを義務づけることなども検討）。採用後の研修もあわせ，「学び続ける教員像」を提起。

教師になること、教師であり続けること

困難の中の希望

2012年9月30日　第1版第1刷発行
2014年1月20日　第1版第3刷発行

編　者　グループ・ディダクティカ
発行者　井　村　寿　人

発行所　株式会社　勁《けい》　草《そう》　書　房

112-0005　東京都文京区水道2-1-1　振替　00150-2-175253
電話（編集）03-3815-5277／FAX　03-3814-6968
電話（営業）03-3814-6861／FAX　03-3814-6854
港北出版印刷・青木製本所

ISBN978-4-326-29901-0　Printed in Japan